Edition KWV

Die „Edition KWV" beinhaltet hochwertige Werke aus dem Bereich der Wirtschaftswissenschaften. Alle Werke in der Reihe erschienen ursprünglich im Kölner Wissenschaftsverlag, dessen Programm Springer Gabler 2018 übernommen hat.

Weitere Bände in der Reihe http://www.springer.com/series/16033

Eva M. Brüning · Türkan Ayan

Quo vadis? – Leitungsinteressierte Frauen im Sozial- und Gesundheitswesen

Konzeption, Durchführung und Evaluation einer Workshop-Reihe zur Persönlichkeitsentwicklung

Springer Gabler

Eva M. Brüning
Nußloch, Deutschland

Türkan Ayan
Hochschule der Bundesagentur für Arbeit
Mannheim, Deutschland

Bis 2018 erschien der Titel im Kölner Wissenschaftsverlag, Köln

Edition KWV
ISBN 978-3-658-24713-3   ISBN 978-3-658-24714-0   (eBook)
https://doi.org/10.1007/978-3-658-24714-0

Die Deutsche Nationalbibliothek verzeichnet diese Publikation in der Deutschen Nationalbibliografie; detaillierte bibliografische Daten sind im Internet über http://dnb.d-nb.de abrufbar.

Springer Gabler
© Springer Fachmedien Wiesbaden GmbH, ein Teil von Springer Nature 2015, Nachdruck 2019
Ursprünglich erschienen bei Kölner Wissenschaftsverlag, Köln, 2015

Springer Gabler ist ein Imprint der eingetragenen Gesellschaft Springer Fachmedien Wiesbaden GmbH und ist ein Teil von Springer Nature
Die Anschrift der Gesellschaft ist: Abraham-Lincoln-Str. 46, 65189 Wiesbaden, Germany

Vorwort

Wettbewerb "Aufstieg durch Bildung – offene Hochschulen"

"Aufstieg durch Bildung – offene Hochschulen" lautet der Titel eines durch das Bundesministerium für Bildung und Forschung im Jahr 2011 ausgeschriebenen Wettbewerbs, der Teil einer Qualifizierungsinitiative ist. Bund und Länder wollen mit dieser Initiative die Bildungschancen aller Bürgerinnen und Bürger steigern. Die Qualifizierungsinitiative umfasst sämtliche Lern- und Lebensphasen. Neben dem Abbau bestehender Hürden innerhalb des deutschen Bildungssystems – insbesondere für nicht-traditionelle Studierende (etwa beruflich Qualifizierte ohne schulische Hochschulzugangsberechtigung) und weitere besondere Zielgruppen (u. a. Personen mit Familienpflichten, Migranten) – ist auch die nachhaltige Konzeption berufsbegleitender Studiengänge bzw. Studienmodule Schwerpunkt der ersten Förderphase bis März 2015.

Seit Oktober 2011 gehört auch das Verbundvorhaben "Berufsintegrierte Studiengänge zur Weiterqualifizierung im Sozial- und Gesundheitswesen" – "BEST WSG" zu den 26 Förderprojekten bundesweit.[1] BEST WSG setzt sich aus den Verbundpartnern Fachhochschule der Diakonie (FHdD) mit Sitz in Bielefeld und der Hochschule der Bundesagentur für Arbeit (HdBA) mit Sitz in Mannheim zusammen. Die Fachhochschule der Diakonie erarbeitet in der Trias Hochschule, Sozialunternehmen und Weiterbildungsträger innovative Konzepte für berufsbegleitende Studiengänge für Arbeitnehmer im Sozial- und Gesundheitswesen. Die Hochschule der Bundesagentur für Arbeit leistet in der Erforschung personen- und strukturbezogener Rahmenbedingungen die entsprechende Begleitforschung.

Forschungsarbeiten aus dem BEST WSG Projekt Mannheim

In einem ersten Herausgeberband „Einsteigen, Umsteigen, Aufsteigen – Personenbezogene und strukturelle Rahmenbedingungen für Berufe und Bildungschancen im Sozial- und Gesundheitssektor" aus dem Jahr 2013, wurden fünf Forschungsarbeiten des Verbundvorhabens vorgestellt. Darin enthaltene Ergebnisse einer qualitativen Pilotstudie (Sosa y Fink, 2013) weisen darauf hin, dass auf personenbezogener Ebene Persönlichkeitseigenschaften, der Umgang mit Macht, die Attribution von Erfolg und Misserfolg sowie die persönlichen Rahmenbedingungen wichtige Aufstiegsfaktoren darstellen. Auf organisationaler Ebene können Aufstiegsbarrieren durch fehlende Weiterbildungsmöglichkeiten und eine männlich geprägte und gelebte Unternehmenskultur identifiziert werden. Um Frauen im Sozial- und Gesundheitswesen beim Aufstieg in eine Führungsposition zu unterstützen, wurde ein Qualifizierungsworkshop konzipiert und in Zusammenarbeit mit der Diakonie Württemberg pilotiert. Aufbau, Inhalte und Materialien dieser Workshopreihe werden in der vorliegenden Arbeit vorgestellt. Zudem fokussiert die Arbeit auf die Analyse der Führungseigenschaften

---

[1] Vgl. für weiterführende Informationen die Projekthomepage www.bestwsg-hdba.de

der Teilnehmerinnen. Diese werden mit Hilfe psychometrischer Skalen zur Persönlichkeit und Führungsmotivation sowie der Ermittlung persönlicher Kontextfaktoren erhoben.

Unser Dank

Unser Dank gilt in erster Linie Frau Stefanie Sosa y Fink, die bis September 2014 als wissenschaftliche Mitarbeiterin im Projekt BEST WSG beschäftigt war und sich intensiv mit den Aufstiegschancen leitungsinteressierter Mitarbeiterinnen im Sozial- und Gesundheitssektor befasst hat. Sie trug maßgeblich zur Konzeption der Workshopreihe und deren Pilotierung bei. Als Psychologin hat sie zudem die flankierenden Coachings mit den Teilnehmerinnen durchgeführt und an der Auswertung der psychometrischen Merkmale mitgewirkt. Wertvolle Unterstützung haben wir zudem von unseren wissenschaftlichen Hilfskräften, Frau Yulia Elsner, Frau Lisa Frommer und Frau Julia Wagenschieber sowie durch unsere Praktikantin Frau Felicitas Hesselmann erfahren, die sowohl im Vorfeld bei der Erstellung der Unterrichtsmaterialien, vor Ort im Rahmen der Qualifizierung als auch im Nachgang bei der Auswertung der Ergebnisse behilflich waren. Darüber hinaus ist es Forschungsprojekten wie unserem ohne einen Feldzugang nicht möglich, Daten zu erheben. Wir danken daher allen Einrichtungen und Teilnehmern, die uns unterstützt haben. Unser besonderer Dank gilt der Diakonie Württemberg, ohne deren Kooperationsbereitschaft dieses Pilotvorhaben nicht stattgefunden hätte. Zuletzt möchten wir uns natürlich auch bei allen Teilnehmerinnen bedanken, die an der Qualifizierung teilgenommen und sich auf dieses Format eingelassen haben.

Türkan Ayan, Projektleiterin an der HdBA
Eva Müller, Stellvertretende Projektleiterin an der HdBA

Mannheim im August 2015

Autoreninformationen

 **Eva Müller** ist promovierte Volkswirtin und arbeitet seit August 2012 als wissenschaftliche Mitarbeiterin im BEST WSG-Projekt an der Hochschule der Bundesagentur für Arbeit in Mannheim. Ihre Forschungsschwerpunkte liegen zum einen in der Analyse von strukturellen und personellen Hürden, die eine Integration in den Arbeitsmarkt für Migrantinnen und Migranten erschweren oder erleichtern können. Hierbei standen die Analyse von Erwerbsverläufen, die Migrations- und Anerkennungsberatung, die Auswertung von Anerkennungsbescheiden und die Erfahrungen von Anerkennungsberater im Forschungsinteresse. Weiterhin beschäftigt sich Eva Müller mit den Aufstiegschancen weiblicher Nachwuchsführungskräfte im Sozial- und Gesundheitswesen und hat zusammen mit Stefanie Sosa y Fink die in diesem Buch vorgestellte Aufstiegsqualifizierung konzipiert und pilotiert. Seit Februar 2014 ist sie stellvertretende Projektleiterin in Mannheim.

 **Türkan Ayan** ist seit September 2007 Professorin für Psychologie an der Hochschule der Bundesagentur für Arbeit (HdBA) in Mannheim. Im Frühjahr 2011 hat Türkan Ayan für das Verbundvorhaben BEST WSG die inhaltliche Antragstellung an der HdBA übernommen. Seit Oktober 2011 zählt die HdBA im Verbund mit der Fachhochschule der Diakonie (FHdD) zu den 15% geförderten Projektnehmern. Frau Ayan leitet das Teilvorhaben an der HdBA, welches schwerpunktmäßig die drei Themenfelder Qualifikationsanerkennung, berufliche Weiterbildung und Potenzialentfaltung im Sozial- und Gesundheitssektor abdeckt.

Inhalt

1 Frauen in Führung

Qualifizierte Frauen sehen sich auch in Deutschland in ihrer Laufbahnentwicklung eklatanten Hürden und Barrieren ausgesetzt (vgl. auch Peus & Welpe, 2011; Bundesministerium für Familie, Senioren, Frauen und Jugend (BMFSFJ), 2010; Kohaut & Möller, 2010). In Führungspositionen sind sie noch immer schwach vertreten und besetzten weniger einflussreiche Stellen als Männer. Je höher die Position in der betrieblichen Hierarchie und je größer das Unternehmen, desto seltener ist die Führungskraft weiblich. Verantwortlich hierfür sind laut Kohaut und Möller (2010, S. 4) schlechtere Zugangschancen zu Führungspositionen und eine mangelnde Nutzung des Potenzials gut ausgebildeter Frauen bei der Besetzung von Führungspositionen.

Dieses Ungleichgewicht in der Besetzung von Führungspositionen, das bereits seit einigen Jahren für die Branchen der Wirtschaft, Industrie und Forschung Anlass zu Kritik gibt und politische Maßnahmen der Chancengleichheit erfordert, wird nun gleichermaßen für den Sozialsektor reklamiert (vgl. Waller-Kächele, 2013; Ochoa Fernandéz, Wiemer & Vomberg, 2013). Kern dieser Kritik ist, dass sich Frauen trotz vorhandener Potenziale in befristeten Teilzeitbeschäftigungen befinden und nur schwer über die unteren Führungsebenen hinaus aufsteigen (vgl. Waller-Kächele, 2013; Sosa y Fink, 2013). Der hohe prognostizierte Fach- und Führungskräftenachwuchsbedarf gibt sozialen Organisationen, die die Geschlechtsspezifik einer Führungslaufbahn anerkennen, daher Anlass zur gezielten Förderung ihrer Mitarbeiterinnen (vgl. auch Hipp, Knapp & Schreyer-Schubert, 2013).

Neben der rein organisationalen Sichtweise muss auch die personenbezogene Betrachtung beruflicher Entwicklungspfade Berücksichtigung finden. Der berufliche Erfolg von Frauen wird u. a. durch ihre Persönlichkeit, Motivstruktur und Aufstiegskompetenz beeinflusst. Die zeitliche Dimension dieser Entwicklung spielt im Sinne von Karrierephasen innerhalb einer Organisation eine wichtige Rolle. Im Sinne eines „Lebenszyklus" können die Phasen der Einführung, des Wachstums, der Reife und der Sättigung identifiziert werden. Erfolgreiche Karrieren profitieren hierbei von einer Folge aus Einstellungs- und Verhaltensänderungen einer Person über ihre Lebensspanne mit Bezug auf ihre Berufstätigkeit (vgl. Staehle, 1999, S. 888).

Berufsverläufe zeichnen sich in der gegenwärtigen Entwicklung jedoch durch eine hohe Eigenverantwortlichkeit in der Steuerung durch die Beschäftigten aus (vgl. Peiperl & Baruch, 1997). Die Fähigkeit zur beruflichen Selbstregulation ist insbesondere für den Managementbereich von zentraler Bedeutung. Konkret ist die oder der einzelne gefordert, sich im Verlauf seiner Erwerbsbiografie wiederholt zu orientieren und zu entscheiden. Volmer und Abele (2013) legen dar, dass dabei unterschiedliche Karrieremuster und Entscheidungsstile sichtbar werden, wobei Frauen tendenziell eine mangelnde Planung und Zielsetzung ihrer Aktivitäten unterstellt wird (vgl. Felfe, 2009). Insbesondere der Übergang von der *Phase des Wachstums zur Phase der Reife* (vgl. Graf, 2008; Cumming & Huse, 1989) er-

© Springer Fachmedien Wiesbaden GmbH, ein Teil von Springer Nature 2015
E. M. Brüning und T. Ayan, *Quo vadis? – Leitungsinteressierte Frauen im Sozial- und Gesundheitswesen*, Edition KWV, https://doi.org/10.1007/978-3-658-24714-0_1

scheint von besonderer Bedeutung, geht es doch im mittleren Lebensalter darum, die Weichen für die weitere berufliche Entwicklung, die einen Aufstieg zur Folge haben kann, zu stellen.

Wenn man also Laufbahn als Sequenz von beruflichen Stationen und Erfahrungen versteht, die durch psychologische, kontextuelle und verhaltensbezogene Einflüsse geformt wird (vgl. Hall, 2002), ist es wichtig, diesen Prozess aktiv zu gestalten, indem eine Klärung beruflicher und persönlicher Ziele sowie die Identifikation persönlicher Ressourcen erfolgt (Schmidt & Gudat, 2013; Abele & Spurk, 2009; Hirschi, 2011).

Ein geschlechtsrollensensibler Ansatz zur Förderung der Aufstiegskompetenz scheint daher erfolgversprechend (vgl. auch Ergebnisse des Hamburger Modellprojekts „Aufstiegskompetenz von Frauen – Chancen und Hindernisse", Bamberg, Iwers-Stelljes, Janneck, Mohr & Rastetter, 2009; Leimon, Moscovici & Goodier, 2011).

Der in diesem Beitrag vorgestellte Qualifizierungsworkshop für leitungsinteressierte Mitarbeiterinnen macht schwerpunktmäßig Themen zum Gegenstand, die in der Person selbst oder in interpersonalen Faktoren der Vereinbarkeit begründet liegen sowie arbeitsplatzbezogene Rahmenbedingungen darstellen.

2 Warum ein spezielles Programm für leitungsinteressierte Frauen im Sozial- und Gesundheitssektor? – Ergebnisse einer Unternehmensbefragung

2.1 Nutzen einer Bedarfsanalyse

Die Analyse des Bildungsbedarfs stellt einen elementaren Bestandteil der Entwicklung von Qualifikations- und Weiterbildungsangeboten dar (vgl. z. B. Gießler, 2011, S. 4). Sie dient der Identifizierung von Zielen und Inhalten von Qualifikationsprogrammen im Kontext der allgemeinen organisationalen Veränderung (z. B. Goldstein & Ford, 2002, S. 35). Insbesondere durch den Wandel in der Arbeitswelt und gesamtgesellschaftliche Veränderungen können Entwicklungen innerhalb von Organisationen notwendig werden, die auf diese allgemeinen Trends reagieren. So können beispielsweise neue oder veränderte Arbeitsaufgaben entstehen, die jeweils auch neue Qualifikationsanforderungen an die Mitarbeiter stellen (vgl. Döring, Rätzel, Seifert, Löffelmann & Forster, 2007, S. 9).

Gerade im Bereich des Sozial- und Gesundheitswesens zeichnen sich tiefgreifende Veränderungen und Umstrukturierungen ab (vgl. Vogler-Ludwig & Düll, 2013, S. 81), die in weiten Teilen dem demografischen Wandel geschuldet sind. Dieser hat zur Folge, dass das Angebot an Fachkräften zurückgeht (vgl. Kolodziej, 2011, S. 15; Schoenauer & Horneber, 2011, S. 431) und gleichzeitig die Nachfrage nach qualifizierten Arbeitskräften aufgrund einer veränderten Patienten- und Bewohnerstruktur ansteigt (vgl. Bettig, 2012, S. 83; Schulz-Nieswandt, 2007, S. 32). Der daraus resultierende Fachkräftemangel macht perspektivisch weitreichende Veränderungen in diesen Branchen notwendig. Auch weitere Trends wie ein Wechsel hin zur gemeindenahen Versorgung (vgl. Schulz-Nieswandt, 2007, S. 40 f.), ein beginnender Abbau der Unterscheidung zwischen stationärem und ambulantem Bereich

© Springer Fachmedien Wiesbaden GmbH, ein Teil von Springer Nature 2015
E. M. Brüning und T. Ayan, *Quo vadis? – Leitungsinteressierte Frauen im Sozial-
und Gesundheitswesen*, Edition KWV, https://doi.org/10.1007/978-3-658-24714-0_2

(vgl. Schmidt, 2012, S. 26) oder eine in zunehmend eigenverantwortlich arbeitenden, multiprofessionellen Teams organisierte Arbeit (vgl. Schmidt, 2012, S. 28; Schulz-Nieswandt, 2007, S. 42) erfordern eine systematische Weiterqualifikation der Beschäftigten (vgl. Bettig, 2012, S. 86; Vogler-Ludwig & Düll, 2013, S. 17 f.).

Für eine daraus folgende strategische Veränderung in einer Organisation stellt die Bedarfsanalyse eine zentrale Vorbedingung dar (vgl. Goldstein & Ford, 2002, S. 34). An dieser Stelle wird deutlich, dass sich eine Analyse des Bildungsbedarfs eng an der strategischen Entwicklung des Unternehmens und den allgemeinen Trends der Branche orientieren muss. Die unmittelbare Aufgabe der Bedarfsanalyse ist dabei eine strukturierende, indem sie zentrale Ziele und Zwecke einer organisationalen Veränderung herausarbeitet und definiert (vgl. Goldstein & Ford, 2002, S. 34 ff.).

Im Rahmen des Projektes erfolgt zudem die Berücksichtigung der besonderen Bedürfnisse weiblicher Nachwuchsführungskräfte, wie beispielsweise die Gewährleistung der Vereinbarkeit von Familienpflichten und Erwerbsarbeit. Hier soll ein besonderes Augenmerk auf die Rahmenbedingungen gelegt werden, wie eine solche Vereinbarkeit auch auf Führungsebene gesichert werden kann und welche Möglichkeiten der Implementierung genderspezifischer Fördermaßnahmen es innerhalb der Organisationen gibt.

2.2 Umsetzung der Bedarfsanalyse – Theorie und Praxis

Das Vorgehen zur Ermittlung des Bildungsbedarfs zielt im Wesentlichen auf die Beantwortung von drei verschiedenen Fragen ab. Die erste Frage „Wo wird Training gebraucht?" zielt auf organisationsbezogene Merkmale ab und orientiert sich vorrangig an übergeordneten Zielen, Leitlinien und Strategien des Unternehmens (vgl. Nerdinger, Blickle & Schaper, 2008, S. 429 f.). In diesen Bereich fällt die möglichst exakte Identifizierung der zu untersuchenden Arbeitsaufgabe, des sogenannten „target job" (Prien, Goldstein & Macey, 1987, S. 69). Die zweite Frage „Was soll trainiert werden?" dient der Bestimmung erforderlicher Kenntnisse und Fähigkeiten und damit der tätigkeits- und aufgabenbezogenen Merkmale. Die dritte Frage „Wer soll trainiert werden?" dient abschließend einer Bestimmung der personenbezogenen Merkmale der Mitarbeiter, die Training erhalten sollen (vgl. Nerdinger et al., 2008, S. 429 f.).

Im Rahmen des vorliegenden Projektes wurden die erste und die dritte Frage bereits beantwortet. So soll der Bildungsbedarf sich auf die anfallenden Aufgaben und benötigten Kenntnisse auf der ersten Leitungsebene von Sozial- und Gesundheitsunternehmen konzentrieren und hierbei speziell die Qualifizierungsanforderungen für leitungsinteressierte Frauen in den Blick nehmen. Konkret im Fokus steht damit die Bestimmung der tätigkeits- und aufgabenbezogenen Merkmale.

2.2.1 Idealtypisches Vorgehen bei der Ermittlung von Bedarfen

Zur Identifizierung des Bedarfs konkreter Trainingsinhalte wird ein mehrstufiges Vorgehen vorgeschlagen, das sich grob in eine offene, qualitativ geprägte Phase und eine stärker strukturierte, standardisierte und quantitative Erhebungsphase einteilen lässt (vgl. Goldstein, 1974; Goldstein & Ford, 2002; Prien et al., 1987, S. 68).

Schritt 1: Offene Erhebungsphase

Die offene Erhebungsphase dient einer ersten Feststellung der zu erledigenden Aufgaben und der dazu benötigten Kenntnisse (vgl. Goldstein & Ford, 2002, S. 59 ff.). Sie gewährt dem Forscher einen ersten Zugang zum Feld und ermöglicht die Strukturierung und Verbalisierung von oftmals nur implizit vorhandenem Wissen. Zu diesem Zweck eignet sich eine offene, interaktive Befragung von Experten aus der Organisation, die beispielsweise die Form eines Workshops annehmen kann (vgl. Goldstein & Ford, 2002, S. 59). In einem ersten Schritt sollen diese Experten die zentralen erfolgskritischen Aufgaben und Handlungen einer Stelle benennen, indem sie beschreiben, *was* ein Stelleninhaber *wie, wem gegenüber* und *zu welchem Zweck* tut (vgl. Goldstein & Ford, 2002, S 61). Im Fokus stehen hierbei nicht eventuelle Lerninhalte, sondern die konkrete Frage danach, welche Tätigkeit ausgeführt wird oder perspektivisch ausgeführt werden soll (vgl. Gotsch, Keck, & Spencer, 2012, S. 4). In einem weiteren Schritt werden diese Tätigkeiten zu größeren Aufgabenbereichen zusammengefasst (vgl. Goldstein & Ford, 2002, S. 62). Erst in einem anschließenden Schritt werden ausgehend von diesen Aufgabenbereichen konkretes Sachwissen (knowledge), Fähigkeiten (skills) und Einstellungen (attitudes) definiert (vgl. auch Staehle, 1999, S. 884), die zur erfolgreichen Bewältigung der benannten Aufgaben erforderlich sind. Dabei kann sich die Beantwortung beispielsweise daran orientieren, durch welche Eigenschaften sich gute von schlechten Mitarbeitern bei der Bewältigung der gegebenen Aufgabe unterscheiden. Durch diese aufgabenzentrierte Annäherung können die Anforderungen sehr verhaltensnah formuliert werden, was die Qualität der Analyse deutlich verbessert (vgl. Westhoff & Koch, 2013, S. 186; Voskuijl & van Sliedregt, 2002, S. 59.) Als Ergebnis dieses teilstrukturierten Prozesses erhält der Forscher eine Liste von erfolgskritischen Tätigkeiten und Fähigkeiten, das sogenannte „job-analysis inventory" (Prien et al., 1987, S. 72).

Schritt 2: Quantitative Befragung

Anhand dieses Inventars lassen sich nun in der zweiten, stärker standardisierten Phase weitere Informationen einholen. Hier wird eine quantitative Befragung vorgeschlagen, die weitere Informationen über die Wichtigkeit oder die Häufigkeit ausgeführter Tätigkeiten, die Bedeutsamkeit bestimmter Fähigkeiten oder den erforderlichen Kenntnisstand einholt (vgl. Goldstein & Ford, 2002, S. 68 f.; Wingen, 2004). Durch eine solche Befragung lassen sich ebenfalls die zunächst explorativ bestimmten Merkmale durch die Angaben einer größeren Befragungspopulation validieren. Diese Vorgehensweise resultiert in einem detaillierten

Soll-Profil für die untersuchte Position, anhand dessen im Anschluss fehlende Qualifikationen und erforderliche Qualifizierungsmaßnahmen bestimmt werden können.

Da sich die Bestimmung fehlender Qualifikationen stark an den Qualifikationsprofilen vorhandener Mitarbeiter orientiert, können sich an dieser Stelle Probleme ergeben, falls sich die Analyse auf neue Tätigkeitsfelder oder neue Gruppen von Beschäftigten bezieht, über die zum Zeitpunkt der Erhebung noch keine Informationen vorliegen können (vgl. Goldstein & Ford, 2002, S. 77).

In Tabelle 2.1 wird das Modell der Bedarfsanalyse zusammenfassend dargestellt (vgl. Nerdinger et al., 2008, S. 464 f.).

Tabelle 2.1: Drei Analyseebenen nach Goldstein.

Wo wird Training benötigt?	Was soll trainiert werden?	Wer soll trainiert werden?
Organisationsbezogene Merkmale	*Tätigkeits- bzw. Aufgabenbezogene Merkmale*	*Personenbezogene Merkmale*
Aussagen und Daten zu • übergeordneten/zukünftigen Zielen, • Bedarfen der Personalentwicklung, • Mitarbeiterförderung	Zur Aufgabenbewältigung erforderliche Kenntnisse, Fertigkeiten, Fähigkeiten bei Tätigkeit/Position	• Leistungsvoraussetzungen? • Entwicklungspotenziale? • psychologische Tests, Leistungsbeurteilung, Mitarbeitergespräche
Ziele, Strategien, Leitlinien	Aktuelle/zukünftige Anforderungen	
	Beobachtung, Befragung	

2.2.2 Umsetzung im Projektkontext BEST WSG

Im Kontext der vorliegenden Bedarfsanalyse ergeben sich einige Einschränkungen, die eine Abweichung vom geschilderten idealtypischen Vorgehen erforderlich machen. So ist hier die Besonderheit zu berücksichtigen, dass sich die Untersuchung nicht einem einzelnen Unternehmen und dessen Zielen, Strukturen und Ressourcen widmet, sondern eine gesamte Branche – den Sozial- und Gesundheitssektor – in den Blick nimmt. Aus diesem Grund können bestimmte Arbeitsschritte, wie die Feststellung des konkreten Trainingsbedarfs, nicht detailliert in Hinblick auf eine bestehende Mitarbeiterstruktur erfolgen, sondern müssen in generalisierter Form auf alle entsprechenden Beschäftigten angewandt werden.

Die Abdeckung dreier verschiedener operativer Bereiche – Jugendhilfe, Altenhilfe und Behindertenhilfe – erfordert weiterhin eine gewisse Flexibilität oder Offenheit, um auf jeweilige Besonderheiten angemessen eingehen zu können. Aus diesem Grund ist auch eine Feedback-intensive, offene Befragungsphase, die in enger Zusammenarbeit mit Vertretern eines einzelnen Unternehmens abläuft, für die aktuelle Befragung in dieser Form nicht umsetzbar.

Stattdessen sollen die Teilschritte als einzelne Schwerpunkte einer zusammengefassten quantitativen Befragung realisiert werden.

Als besondere Herausforderung muss in dieser quantitativen Befragung somit eine Balance aus Spezifizität und Generalität hergestellt werden. Auf der einen Seite steht das Erfordernis, genügend Raum für die Entdeckung von Besonderheiten zu lassen und für die möglicherweise abweichenden Tätigkeiten der verschiedenen operativen Bereiche anschlussfähig zu sein. Auf der anderen Seite darf sich die Befragung jedoch auch nicht auf zu weit gefasste Aussagen zurückziehen, die aufgrund ihrer mangelnden Detailgenauigkeit trivial erscheinen. Weiterhin stellt auch die Kombination von qualitativen Methoden, die prinzipiell einer Logik der Entdeckung folgen, und quantitativen Methoden, die sich an der Logik der Überprüfung orientieren (vgl. Flick, 1995, S. 12), eine besondere Schwierigkeit dar. Konkret bedeutet dies, dass die Fragen sowohl durch Offenheit gekennzeichnet sein müssen, um überhaupt eine adäquate Abbildung des zu untersuchenden Feldes ergeben zu können, als auch gleichzeitig durch ein Mindestmaß an Strukturierung, um eine quantitative Vergleichbarkeit der Antworten sicherzustellen.

Um die wichtigsten Aufgabenbereiche und die entsprechenden Führungsaufgaben und Führungskompetenzen im Sozial- und Gesundheitssektor zu identifizieren, wurde auf die umfangreich bestehende Literatur zurückgegriffen (vgl. auch Prien, Prien & Wooten, 2003, S. 131). Diese wurde zur Formulierung einzelner Items in der Befragung herangezogen.

2.3   Das Erhebungsinstrument

Der Fragebogen zur Erfassung der unternehmerischen Bedarfe gliedert sich in die Bereiche (1) Organisationsmerkmale, (2) Soziostrukturelle Angaben zu Führungskräften und (3) Organisationsentwicklung und Qualifizierung, die nachfolgend kurz erläutert werden.

Zu (1): Organisationsmerkmale

Mit dem Ziel, die befragten Unternehmen zu beschreiben, werden die Merkmale *operative Bereich*, wie Altenhilfe, Kinder- und Jugendhilfe oder Behindertenhilfe; *Größe der Einrichtung* (handelt es sich um einen kleinen, mittleren oder großen Betrieb?), *Organisationsform* sowie *Anzahl an Hierarchieebenen* erhoben. Zudem ist von Interesse, welche *Arbeitszeitmodelle* in den Organisationen existieren und ob Maßnahmen zur Förderung gleicher Teilhabe von Frauen und Männern – *Gleichstellungsmaßnahmen* – existieren.

Zu (2): Soziostrukturelle Angaben zu Führungskräften

Der zweite Block umfasst im weitesten Sinne Angaben zu den Führungskräften im Unternehmen. Von Interesse sind hierbei die *Geschlechtszusammensetzung* auf der ersten (untersten) und zweiten Führungsebene, die *Altersstruktur* der Führungskräfte und ob diese *familiäre Sorgebeziehungen* (betreuungspflichtige Kinder) haben.

Ein weiterer Schwerpunkt dieses Themenblocks umfasst die *Rekrutierung* von Führungs-kräften, insbesondere, wie lange die Stellenbesetzung andauert, welche Stelle im Unterneh-men für die Rekrutierung verantwortlich ist und ob es eine Gleichstellungsbeauftragte gibt. Zudem soll eruiert werden, ob in den Organisationen besondere Leistungsanreize für Füh-rungskräfte existieren. Zudem stellt sich die grundsätzliche Frage, ob seitens der befragten Personalverantwortlichen eine *Geschlechtsspezifik von Führung* wahrgenommen wird.

Zu (3): Organisationsentwicklung und Qualifizierung
Der dritte Themenblock beinhaltet Maßnahmen zur Organisationsentwicklung und Qualifi-zierung. Hierunter fallen ein strategisches und systematisches *Personalentwicklungskonzept*, Maßnahmen zur *Vereinbarkeit*, der *Zugang zu Personalentwicklungsmaßnahmen* sowie vorhandene und geplante *Weiterbildungsangebote* im Unternehmen.
Neben der reinen Ermittlung vorhandener und geplanter Maßnahmen sollen darüber hinaus auch die Bedarfe seitens des Unternehmens ermittelt werden. Hierbei interessieren in erster Linie Bedarfe hinsichtlich der *Gewinnung* sowie der *Qualifizierung* von weiblichen Fach- und Führungskräften. Bereits existierende Förderprogramme bzw. Weiterbildungsmaßnah-men werden ermittelt.

2.4 Ergebnisse der Bedarfsermittlung

(1) Organisationsmerkmale

Wer wurde befragt?
In der vorliegenden Studie wurden Personalverantwortliche[2] aus 30 Organisationen befragt, die sowohl Auskunft über größere organisationale Zusammenhänge und Strukturen als auch über die an Führungskräfte gestellten Anforderungen geben können. Dieses Vorgehen ist nicht untypisch, wie die Studien von Potter, Pistella, Fertman & Dato (2000) sowie Gotsch, Keck & Spencer (2012) verdeutlichen, die in ihren Betrachtungen der Beschäftigten des US-Gesundheitssektors eine heterogenere Gruppe von „individuals from [...] public health practice and from academic settings" (S. 4) als Befragungspersonen auswählten. Im Rah-men der Analyse einer gesamten Branche befragen diese Studien somit vorrangig Personen in Schlüsselpositionen, die sowohl über Expertenwissen aus der Praxis verfügen als auch in der Lage sind, größere Zusammenhänge und Entwicklungen im Gesundheitswesen zu über-blicken.
Von den 30 teilnehmenden Organisationen gehören 14 dem Bereich der Kinder- und Ju-gendhilfe, 13 der Behindertenhilfe und acht der Altenhilfe an. Insgesamt sechs Einrichtun-

---

[2] Nähere Angaben zu den befragten Personalverantwortlichen können leider nicht gegeben werden, da sich die „sozi-odemografischen Merkmale" dieser Befragung ausschließlich auf die Organisationen beziehen. Um die Aussage-kraft der einzelnen Fragen weiter zu steigern, sollten in einer weiterführenden Studie zusätzlich Daten über die be-fragten Personalverantwortlichen erhoben werden.

gen ordnen sich anderen operativen Feldern zu wie z. B. Krankenhaus, Suchtkrankenhilfe, Wohnungsnotfallhilfe oder berufliche Rehabilitation.

Bezogen auf die Betriebsgröße haben 18 kleine Betriebe (bis zu 250 Mitarbeitende), vier mittelgroße (251-1000 Mitarbeitende) und sechs große Betriebe (mehr als 1000 Mitarbeitende) an der Befragung teilgenommen.

Maßnahmen zur Förderung gleicher Teilhabe von Frauen und Männern
Die Förderung gleicher Teilhabe wurde in der vorliegenden Befragung durch die folgenden Items gemessen:

- Wechsel von Teilzeit nach Vollzeit
- Beruflicher Wiedereinstieg nach der Erziehungsphase
- Realisierung familienverträglicher Arbeitszeiten und Rahmenbedingungen
- Förderung von Teilzeit, Telearbeit, familienbedingte Beurlaubung
- Förderung der Teilnahme an Fortbildungen
- Besetzung freier Stellen: Berücksichtigung und Information teilzeitbeschäftigter Arbeitnehmer, die in Vollzeit zurückkehren wollen und
- Fortbildungen zur Erleichterung des Aufstiegs von Frauen

Die befragten Personalverantwortlichen wurden gebeten, zu diesen Maßnahmen eine Aussage hinsichtlich des Realisierungsgrades in ihrem Unternehmen – auf einer Skala von „nicht realisiert (1)" über „mittelmäßig realisiert (3)" bis „sehr gut realisiert (5)" – zu treffen. Vor allem die Möglichkeit eines Wechsels von Voll- in Teilzeit scheint in den befragten Unternehmen gut umgesetzt zu sein (m=4,42), gefolgt von einer Förderung von Fortbildungen (m=4,19) und des beruflichen Wiedereinstiegs nach der Erziehungsphase (m=4,11). Auch die restlichen Maßnahmen sind nach Ansicht der befragten Experten zumindest zufriedenstellend umgesetzt: die Berücksichtigung teilzeitbeschäftigter Arbeitnehmer bei der Besetzung freier Stellen wird mit m=3,89 bewertet, die Aufstockung von Teilzeit auf Vollzeit erreicht einen Mittelwert von m=3,76 und die Realisierung familienverträglicher Arbeitszeiten einen Wert von m=3,58.[3] Den niedrigsten Wert bei dieser Frage erreicht die *Umsetzung von Fortbildung für Frauen zu einem erleichterten Aufstieg* mit einem mittleren Wert von m=3,22. Immerhin 12 Betriebe (40%) geben an, dass der Aufstieg von Frauen recht gut durch Fortbildungen unterstützt wird. Bei je ca. einem Viertel der Befragten ist dies entweder kaum oder gar nicht realisiert (N=7) oder noch nicht flächendeckend (N=8).

---

[3] Es ist jedoch anzumerken, dass die Standardabweichung bei diesen Optionen auf eine unterschiedliche Handhabung in den verschiedenen Organisationen hinweist.

(2) Organisations- und Personalentwicklung

Systematische Personalentwicklung

Die Befragungsergebnisse verdeutlichen den Mangel einer systematischen Personalentwicklung im Sozialwesen. So findet in knapp der Hälfte (N=13) der befragten Organisationen keine systematische Personalentwicklung statt und lediglich vier Organisationen planen „demnächst" die Einführung eines Personalentwicklungskonzepts. Eine systematische Weiterbildung der Mitarbeitenden ist zum Befragungszeitraum in nur acht Organisationen (27%) implementiert und umfasst vorwiegend die Bereiche (Schlüssel-)kompetenzen, Leistungsprofile und Kompetenzprofile in Abhängigkeit der Lebensphase. In Tabelle 2.2 sind verschiedene Qualifizierungsmaßnahmen zum Bereich „Führung" dargestellt.[4]

Tabelle 2.2: Implementierte und geplante Maßnahmen zum Thema „Führung".

Maßnahmen	Vorhanden	Soll eingeführt werden
Management (z.B. Marketing, Risikomanagement)	12 (40%)	6 (20%)
Persönlichkeitsbildung (z.B. Selbstmanagement)	13 (43%)	7 (23%)
Weiterbildungen zur Personalführung und zu Gesprächsführung	19 (63%)	8 (27%)
Qualifizierung für den beruflichen Aufstieg	15 (50%)	5 (17%)

Die Gegenüberstellung verdeutlicht, wie viele der befragten Unternehmen die genannten Maßnahmen bereits anbieten bzw. deren Einführung planen. Immerhin die Hälfte bietet Qualifizierungen mit Fokus auf den beruflichen Aufstieg an, wenngleich es sich hierbei nicht zwingend um gendersensible Qualifizierungsangebote handeln muss.

Die Inanspruchnahme von Qualifizierungsmaßnahmen lag in den vergangenen zwölf Monaten in der Gruppe der Mitarbeitenden bei etwa 24%, wobei der Frauenanteil mit etwa 60% höher ausgefallen ist als die Beteiligung männlicher Mitarbeiter (40%). Unter den Führungskräften hat ein etwas größerer Anteil (36%) die Weiterbildungsangebote in Anspruch genommen. Die Geschlechterverteilung ist im Vergleich zu den Mitarbeitern sehr ähnlich (54% Frauen; 46% Männer).

Bedarfe in der Gewinnung und Qualifizierung von Frauen

Die Voraussetzung einer gezielten und systematischen Qualifizierung aufstiegsinteressierter Frauen liegt zunächst in der Identifikation der Potenziale und auch der besonderen Bedarfe

---

[4] Mit dieser Frage wurden nicht nur führungsrelevante Maßnahmen erhoben, sondern auch Zertifizierungen, Weiterbildung im rechtlichen Bereich, Fachseminare zur Wissensvermittlung sowie Programme zum Wiedereinstieg nach einer Familienphase.

weiblicher Mitarbeiter. Aus den Befragungsergebnissen wird deutlich, dass die *Relevanz der Geschlechtsspezifik von Führungskarrieren* in einigen Unternehmen durchaus erkannt wird. So wird wahrgenommen, dass Frauen und Männer unterschiedliche Stärken besitzen (N=18; 60%), auf Anreize und Belohnungen verschieden reagieren (N=9; 30%) und andere Hürden während ihres Aufstiegs zu überwinden haben (N=10; 33%). Elf Befragte berichten von der Erfahrung, dass das Interesse der Übernahme einer Führungsposition zwischen Frauen und Männern unterschiedlich ausgeprägt ist. Jedoch erachtet die Hälfte der Befragten die beruflichen Entwicklungspfade von Frauen und Männern für vergleichbar. Nur vier Befragte sehen hierin Unterschiede.

Die *Bedarfe* hinsichtlich der *Gewinnung weiblicher Führungskräfte* fallen in den befragten Unternehmen sehr unterschiedlich aus. Während je zwei Befragte wichtige Ansatzpunkte in der Steigerung der Akzeptanz von Elternzeit bzw. in der Gewährung flexibler Arbeitszeiten sehen, geben sieben Befragte an, keinen Bedarf in der Gewinnung weiblicher Führungskräfte auszumachen.[5]

Ein ähnliches Bild ergibt sich mit Blick auf die festgestellten *Qualifizierungsbedarfe* für weibliche Führungskräfte. Als dringende Notwendigkeit erachten dies nur zwei der 30 befragten Personalverantwortlichen. Ein Betrieb gibt an, alle Mitarbeiter kontinuierlich zu qualifizieren und zu fördern. Für sieben Befragte ist der Bedarf nach einer Qualifizierung weiblicher Führungskräfte gering oder gar nicht existent.

Vorhandensein spezifischer Förderprogramme

Hinsichtlich spezifischer Förderprogramme stehen Quereinsteiger und Berufsrückkehrerinnen im Mittelpunkt des Interesses: Jeweils ein Drittel der Befragten gibt an, dass in ihrem Unternehmen spezifische Förderprogramme für diese Zielgruppen existieren. Danach folgen Programme für ältere Arbeitnehmer (N=5, 17%), weibliche Führungskräfte (N=4, 13%) und Fachkräfte mit ausländischen Abschlüssen (N=3, 10%). Jeweils zwei Befragte geben an, dass ihre Organisation die Einführung von Angeboten für Migranten und Berufsrückkehrerinnen plant. Ein Betrieb hat Angebote für Ältere im Blick.

Die befragten Personalverantwortlichen erkennen zwar gewisse Unterschiede zwischen männlichen und weiblichen (Nachwuchs-)Führungskräften – spezielle *Aufstiegsprogramme* zur Gewinnung und Förderung von Frauen sind jedoch in den befragten Unternehmen rar. Im Fokus stehen meist andere Zielgruppen wie Berufsrückkehrer. Vor allem diese Gruppe ist mit großer Wahrscheinlichkeit eher weiblich geprägt, sodass eine Förderung von Frauen zumindest in dieser Lebensphase seitens der befragten Unternehmen fokussiert wird. Für die Gruppe der leitungsinteressierten Frauen scheint jedoch eine Versorgungslücke zu bestehen, die der nachfolgend beschriebene Qualifizierungsworkshop zu schließen versucht.

---

[5] Eine nähere Spezifizierung, warum kein Bedarf an weiblichen Führungskräften existiert, findet nicht statt. So kann es beispielsweise sein, das in diesen Unternehmen die Führungsebene bereits ausreichend mit Frauen ausgestattet ist oder insgesamt kein Bedarf an Führungspersonen existiert. Grundsätzlich ist zu beachten, dass es sich um subjektive Einschätzungen einzelner Unternehmensvertreter handelt.

3 Konzeption einer Workshopreihe für leitungsinteressierte Mitarbeiterinnen

3.1 Modell der Qualifizierung – Methodischer Unterbau

Bei personenbezogener Betrachtung setzt sich wiederholt die Erkenntnis durch, dass extravertierte, offene und gewissenhafte Frauen, die gemäßigt verträglich und bindungsorientiert sowie in der Lage sind, nach Macht zu greifen und sich diese im Unternehmen aufzubauen, hinsichtlich des Zeigens von Führungsverhalten und dem Erreichen von Führungserfolg im Vorteil sind (Judge, Ilies, Bono & Gerhard, 2002, S. 773 f.; Elprana, Gatzka, Stiehl & Felfe, 2012, S. 201). Unter der Aufstiegskompetenz wird hierbei die Bereitschaft und Befähigung zur beruflichen Weiterentwicklung und zur Erschließung von Führungspositionen verstanden. Motivatonal liegt ihr ein gewisses Maß an Streben nach beruflicher Entwicklung und dem Bedürfnis nach Gestaltung zugrunde (Bamberg, Iwers-Stelljes, Janneck, Mohr & Rastetter, 2009; Sosa y Fink, 2013). Aufstiegskompetenz kann durch die Bewältigung von Anforderungen erworben werden, insbesondere dann, wenn die berufliche Tätigkeit Entwicklungsmöglichkeiten bietet und den Einsatz von Fähigkeiten, Fertigkeiten und Kenntnissen erlaubt. Welche Kompetenzen aufstiegsförderlich sind, haben Bamberg, Janneck, Wagner, Rastetter und Mohr im Rahmen des Projektes „Aufstiegskompetenz von Frauen – Entwicklungspotenziale und Hindernisse" (2008-2011) für Branchen und Berufe mit einem geringen Frauenanteil – insbesondere für den technisch-naturwissenschaftlichen Bereich – eruiert.

Die Autorinnen definieren das Konstrukt Aufstiegskompetenz als Metakompetenz, auf die unterschiedliche Motivations- und Kompetenzfacetten wirken (vgl. Abbildung 3.1). Karrieremotivation und Führungsstreben werden hierbei als grundlegende Motivation angesehen. Die identifizierten aufstiegsrelevanten Kompetenzfelder basieren auf gängigen Kompetenzmodellen (vgl. auch Erpenbeck & von Rosenstiel, 2007) und umfassen (1) personale, (2) soziale, (3) fachlich-methodische sowie (4) aktivitäts- bzw. umsetzungsorientierte Kompetenzen.

© Springer Fachmedien Wiesbaden GmbH, ein Teil von Springer Nature 2015
E. M. Brüning und T. Ayan, *Quo vadis? – Leitungsinteressierte Frauen im Sozial-
und Gesundheitswesen*, Edition KWV, https://doi.org/10.1007/978-3-658-24714-0_3

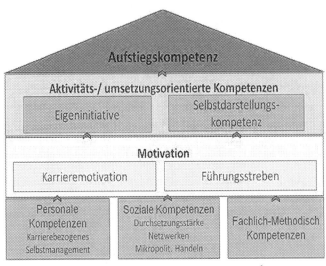

Abbildung 3.1: Modell der Aufstiegskompetenz[6]

Eine eigene Interviewstudie unter weiblichen Führungskräften des Sozial- und Gesundheitswesens konnte aufzeigen, dass dieses Modell der Aufstiegskompetenz auch für Beschäftigte in Branchen mit einem hohen Frauenanteil Gültigkeit besitzt. Die befragten Frauen sehen in den Kompetenzbereichen auch die Herausforderung der erstmaligen Übernahme der Führungsrolle (Sosa y Fink, 2013). Für sie zählen eine realistische Leistungseinschätzung, Feldbeobachtung und das Formulieren und Verfolgen von Zielen zu den *personalen Kompetenzen*. Aufstiegsrelevante *Sozialkompetenzen* sind für sie Empathiefähigkeit, das Einholen von Feedback, die Fähigkeit, sich selbst und sein Arbeitsfeld abzugrenzen sowie das Anerkennen von Machtverhältnissen und die Fähigkeit, sozialstrategisch aufzutreten. Mucha und Rastetter (2012) fanden heraus, dass der erfolgreiche Aufstieg qualifizierter Frauen maßgeblich von ihrer Bereitschaft abhängt, Macht aufzubauen und zielgerichtet für eigene Zwecke einzusetzen. Der Ausbau des persönlichen Einflussbereiches und das sich Entziehen fremder Kontrolle wird hierbei als „Selbstkompetenz" verstanden. Die damit verbundene stimmige Integration mikropolitischer Strategien und Taktiken in das eigene Selbstkonzept setzt eine motivationale Bereitschaft im Sinne eines „Habits" voraus, der als veränderbar (und damit im Rahmen einer Qualifizierung beeinflussbar) betrachtet wird.

Unter den *fachlich-methodischen Fähigkeiten* verstehen die befragten Führungsfrauen eine hohe Fachlichkeit, die vor allem auch durch Weiterbildungen vorangetrieben werden kann, sowie ein politisches Interesse. Zu den *aktivitäts- und umsetzungsbezogenen Kompetenzen* gehören für die befragten Führungsfrauen neben der Eigeninitiative souveränes Auftreten, Selbstwirksamkeit (Selbstdarstellungskompetenz), Professionalität und Charme (vgl. Sosa y Fink, 2013).

---

[6] Quelle: In Anlehnung am Grimme, 2012, S. 94.

Bamberg et al. (2009) betonen, dass für die Erlangung von Aufstiegskompetenz einerseits der kognitive Aspekt, also das Erwerben von Qualifikationen, sehr wichtig ist, darüber hinaus aber auch die Entwicklung von Haltungen, Einstellungen und Handlungsbereitschaft. Aufbauend auf dem Modell der Aufstiegskompetenz (Bamberg et al., 2009) sowie den Ergebnissen der Befragung von weiblichen Führungskräften des Sozial- und Gesundheitswesens von Sosa y Fink (2013), finden die nachfolgenden Kompetenzbereiche und zu erlernenden Kompetenzen Eingang in die hier vorgestellte Aufstiegsqualifizierung (vgl. Tabelle 3.1):

Tabelle 3.1: Kompetenzbereiche und Kompetenzen der Aufstiegsqualifizierung

Kompetenzbereich	Zu vermittelnde Kompetenzen
Personale Kompetenzen	Karrierebezogenes Selbstmanagement
	Ziele formulieren;
Soziale Kompetenzen	Durchsetzungsfähigkeit
	Abgrenzungsfähigkeit
	Mikropolitisches Handeln
	Anerkennen von Macht
	Feedback
Aktivitäts- und umsetzungsbezogenen Kompetenzen	Auftreten
	Selbstdarstellung

3.2   Konzeption der Workshop-Reihe

Im Rahmen des Projekts fand die Erprobung einer persönlichkeitsförderlichen Qualifizierungsmaßnahme für leitungsinteressierte Mitarbeiterinnen des Sozialsektors in Kooperation mit dem Diakonischen Werk Württemberg e.V. Stuttgart statt. Darüber konnten insgesamt 15 Teilnehmerinnen für die Workshopreihe gewonnen werden.

Aufbauend auf dem einleitend dargestellten Konzept zur Aufstiegsqualifizierung und unter Berücksichtigung gegebener Rahmenbedingungen, wurde ein Curriculum erarbeitet, welches in Kapitel 4 in seinen Grundzügen vorgestellt wird.

Die thematische Auseinandersetzung der Teilnehmerinnen mit den Inhalten (siehe Tabelle 3.2) erfolgt in einem Wechsel aus Präsenz- und Praxisphasen im Zeitraum von einem Jahr (vgl. Abbildung 3.2).

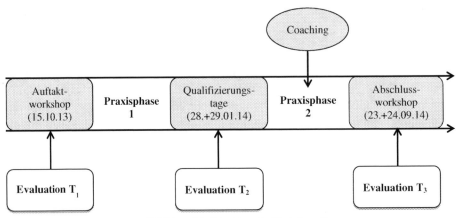

Abbildung 3.2: Zeitschiene der Workshopreihe.

Die drei Präsenzphasen Auftaktworkshop, Qualifizierungstage und Abschlussworkshop setzten dabei gezielte Impulse zur Weiterentwicklung der Persönlichkeit der Teilnehmerinnen. Ein stetiger Wechsel von Einzel-, Gruppen-, Plenums- sowie Triadenarbeit[7] kennzeichnet die Arbeitsweise der Präsenztage. Die Gruppe wird hierbei als Ort „des Wendepunkts" verstanden, in dem „sich Bedenken und negative Gedanken, die einen Klienten zuvor als unüberwindbare Dilemmata blockierten, unvermittelt zu neuen Lösungen wandeln" (Kets de Vries, 2013). Persönliche Themen finden in der kontinuierlichen, selbstgewählten Triade Raum.

Die Qualifizierungsmaßnahme startet mit einem eintägigen *Auftaktworkshop*. Ziele dieser Veranstaltung sind neben dem gegenseitigen Kennenlernen der Teilnehmerinnen und Dozentinnen auch die Auseinandersetzung mit der eigenen beruflichen Laufbahn und den Kompetenzen, die für einen Aufstieg unabdingbar sind. Im Anschluss an die Auftaktveranstaltung werden die Teilnehmerinnen gebeten, zwei Fragebögen auszufüllen – jeweils ein Fragebogen zur Erfassung der Führungsmotivation (vgl. Felfe, Elprana, Gatzka & Stiehl, 2012) und zur Erfassung der Persönlichkeitseigenschaften (NEO-FFI, vgl. Borkenau & Ostendorf, 2007). Der Zweck dieser Datenerfassung liegt in der individuellen Beurteilung der Eignung, eine Führungsposition zu übernehmen. Zusätzlich sind die Teilnehmerinnen angehalten, für die sich an den Auftaktworkshop anschließende *erste Praxisphase* (Dauer: 10 Wochen) ein selbstgewähltes Führungsprojekt in ihrem Umfeld zu suchen und die notwendige organisatorische Klärung herbeizuführen.

Im Anschluss an die erste Praxisphase finden die beiden *Qualifizierungstage* statt. Die inhaltliche Schwerpunktsetzung dieser richtet sich nach dem Vorwissen sowie den Präferen-

---

[7] Die Teilnehmerinnen suchen sich eine Kleingruppe zu je drei Frauen (Triade), in der die Reflexionsarbeit in einem geschützten Rahmen stattfinden kann.

zen der Teilnehmerinnen, die bereits im Zuge der Anmeldung erhoben werden.[8] Neben der Fortführung der SWOT-Analyse[9] wurden die Themen Führung, Kommunikation, Mikropolitik und Selbstpräsentation in dieser zweiten Präsenzphase intensiv beleuchtet. Die sich anschließende *zweite Praxisphase* wurde durch flankierende *Coachings* begleitet. Im Rahmen der Coachings hatten die Teilnehmerinnen die Möglichkeit, ihre individuellen Testergebnisse hinsichtlich Führungsmotivation und Persönlichkeitseigenschaften zu erfahren und über mögliche Implikationen und Konsequenzen zu reflektieren. Ziel war, die Teilnehmerinnen darin zu unterstützen, sich selbst (Persönlichkeitseigenschaften, zwischenmenschliche Motive, Führungsmotivation) und mögliche Karrierewege besser kennen zu lernen und dabei die Entscheidungsfähigkeit und individuelle Karriereplanung zu stärken.

Der Schwerpunkt des *Abschlussworkshops* lag in der Reflexion des Lernprozesses und der Formulierung der künftigen Karrierestrategie. In Tabelle 3.2 sind die Inhalte der Workshop-Tage skizziert, die im nachfolgenden Kapitel ausführlich dargelegt werden.

---

[8] Vgl. Vorabfragebogen im Anhang A3: Fragebögen zur Workshopreihe.

[9] Zur Fortführung der SWOT-Analyse wurden den Teilnehmerinnen vier Wochen vor Beginn der zweiten Präsenz-phase Impulsfragen zur Reflexion eigener Schwächen sowie derzeitiger Grenzen, die durch die berufliche Rolle bedingt werden, zugesandt. Die Fragen beinhalteten zudem das Einholen von Feedback Dritter (Arbeitskollegen, Vorgesetzte).

Tabelle 3.2: Themenblöcke der Workshop Tage.

Themen der Prozesse	Auftakt-Workshop (t1)	Praxisphase 1	Qualifizie-rungstage (t2)	Praxisphase 2 mit Coachings	Nachfasstag (t3)
Arbeit in und mit der Gruppe	Vorstellung, Triadenbildung		Findung und Lernen in der heterogenen Peergroup		Abschied und Vernetzung
Berufliche Biografie und Laufbahnpla-nung	Gallerywalk zu Stationen der be-ruflichen Entwick-lung		Modell der Karriere-phasen	Hinweise zu Kongressen und Veranstal-tungen	Zielformulie-rung: konkrete Schritte in der Zukunft
Kompetenzportfolio Aufstiegskompetenz	Einführende Prä-sentation & Fallbe-arbeitung I zu den Themen Macht, Mikropolitik, Ab-grenzungsfähigkeit, Durchsetzungsfä-higkeit		Vertiefung zu Mikropolitik und sozialer Kompetenz	Fakultativ: Übung zum Selbstwert	Fallbearbei-tung II, Persönliche Bilanz
Führungsprojekt		Auswahl und Kommunika-tion	Vorstellung des Projekts in der Gruppe	Umsetzung und Reflexion im Coaching	Auswertung von Heraus-forderungen und Lösungs-strategien
SWOT Analyse	Impuls und Part-nerinterview zu Stärken	Einholen des Feedbacks von Kollegen und Vorge-setzten	Struktogramm des persönli-chen Umfelds; Stärken-Schwächen-Reflexion	Fakultativ: Motivanalyse im Coaching	
Work-Life-Integration		Bestimmung einer ent-spannenden Ausgleichstä-tigkeit		Monitoring mit Kalender	Impuls zu psychischem Wohlbefinden und Resilienz
Persönlichkeits-Diagnostik	Messung von Per-sönlichkeitseigen-schaften und Mo-tivstruktur (t_1)			Rückmeldung der Testergeb-nisse im Coaching	

Abschließend ist festzuhalten, dass in dieser Workshopreihe die Vermittlung der Bedeutung von genderspezifischer Aufstiegskompetenz ein ebenso wichtiges Ziel wie das Schaffen eines Raums zur Reflexion der persönlichen Führungsmotivation darstellt. Den Teilnehmerinnen werden Impulse und Methoden übermittelt, die sie befähigen sollen, den eigenen beruflichen Werdegang zu hinterfragen und zukünftige Karriereschritte konkret zu formulieren.

4 Ablauf, Inhalte, Materialien

Nachfolgend werden entlang der Workshopstationen und –phasen (siehe Abbildung 3.2) Ablauf, Inhalte und Materialien erläutert:

(1) Auftaktworkshop,
(2) Erste Praxisphase,
(3) Trainingstage,
(4) Zweite Praxisphase – Führungsprojekt und flankierende Coachings und
(5) Abschlussworkshop

Um die Lesefreundlichkeit des Textes zu wahren, wird bei umfangreichen Materialien auf den Anhang verwiesen.

4.1 Auftaktworkshop

Kurze Übersicht

(1) Wir steigen ein mit „Kennenlernen" und „Biographie-Arbeit"
(2) Impulsvortrag zum Thema „Aufstiegsfaktoren"
(3) Was braucht es für Führung? – Kompetenzbereiche
(4) SWOT-Analyse – Teil 1: Partnerinterview zu den Stärken
(5) Zusammenfassung: Was wurde im Auftaktworkshop bearbeitet?
(6) Evaluation des Auftaktworkshops

(1) Wir steigen ein mit „Kennenlernen" und „Biographie-Arbeit"
Die Qualifizierungsmaßnahme startet mit einem eintägigen Auftaktworkshop, an dem 15 leitungsinteressierte Frauen teilnahmen. Ziele dieser Veranstaltung waren neben dem gegenseitigen Kennenlernen der Teilnehmerinnen und Dozentinnen vor allem die Auseinandersetzung mit der eigenen beruflichen Laufbahn sowie den zur Aufstiegskompetenz zugehörigen Kompetenzfacetten.[10]

---

[10] Der zeitliche Ablauf des Auftaktworkshops kann Tab_A 1 im Anhang A1: Programme der Workshopreihe entnommen werden.

© Springer Fachmedien Wiesbaden GmbH, ein Teil von Springer Nature 2015
E. M. Brüning und T. Ayan, *Quo vadis? – Leitungsinteressierte Frauen im Sozial-*
und Gesundheitswesen, Edition KWV, https://doi.org/10.1007/978-3-658-24714-0_4

Nach dem ersten Kennenlernen durch eine Kreativarbeit in Kleingruppen, setzten sich die Teilnehmerinnen in Einzelarbeit mit ihrer eigenen Berufsbiografie auseinander. Hierzu reflektierten sie von den Dozentinnen gestellte Fragen zur ursprünglichen Berufsmotivation, bisherigen positiven Erfahrungen aber auch Brüchen in der beruflichen Biografie. Darüber hinaus sollten sich die Teilnehmerinnen damit auseinandersetzen, was ihnen im bisherigen Berufsleben fehlte und was zukünftig stärker vorhanden sein sollte. Die Reflexionsfragen (siehe Übung 1) wurden im Stil eines Gallery Walk im Raum verteilt und individuell von den Teilnehmerinnen bearbeitet.

Materialien

Übung 1: Leitfragen zur beruflichen Laufbahn.

Leitfragen zur beruflichen Laufbahn
• Welche Fragen haben Sie zur Zeit Ihres Schulabschlusses am meisten bewegt?
• Wie sind Sie zu Ihrer Berufsausbildung/Studienwahl gelangt?
• Welche Erfahrungen haben Sie in den ersten Berufsjahren besonders geprägt?
• Welche Brüche gab es zwischenzeitlich?
• Worin lagen besondere Herausforderungen?
• Worin bestanden Straucheln oder Hadern?
• Worin lagen Ihre kleinen und großen Erfolge?
• Was hätte es ohne Ihr Zutun und Engagement nicht gegeben?
• Wie haben Sie sich dabei gefühlt?
• Was fehlt Ihnen heute in Ihrem Beruf?
• Wovon sollte es in Zukunft mehr geben?

(2) Impulsvortrag zum Thema „Aufstiegsfaktoren"

Ablauf

Nach der intensiven Auseinandersetzung mit der eigenen beruflichen Biografie führt ein anschließender Impulsvortrag die Teilnehmerinnen in das Thema der Aufstiegsfaktoren ein, welche im Rahmen der explorativen Führungsfrauenbefragung 2012 ermittelt wurden (vgl. Sosa y Fink, 2013). Ziel dieser Einheit ist es, den Teilnehmerinnen zu verdeutlichen, dass neben struktur- und organisationsbezogenen Aufstiegsfaktoren insbesondere personenbezogene Faktoren (z. B. Motivation, Kontrollüberzeugungen) eine Rolle spielen (vgl. Abbildung 4.1).

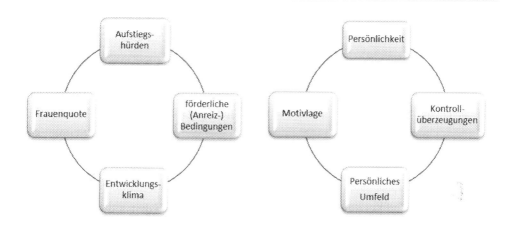

Abbildung 4.1: Struktur- bzw. organisationsbezogene (links) und personenbezogene Aufstiegsfaktoren (rechts).

Struktur- und organisationsbezogene Aufstiegsfaktoren

Als *strukturbezogene Aufstiegshürden* wurden von Sosa y Fink (2013) der „Kampf" um die Teilnahme an *Weiterqualifizierungsmaßnahmen* und negative Erfahrungen im *Bewerbungsverfahren* mit ausschließlich männlich besetzten Auswahlgremien identifiziert, die von einer weiteren Aufstiegsbewerbung abhalten. Zudem scheint sich eine Familienphase sowie eine nicht immer gegebene Sicherstellung der *Kinderbetreuung* negativ auf die Aufstiegschancen auszuwirken.

Als *förderliche (Anreiz-)Bedingungen* werden an erster Stelle eine leistungsgerechte, äquivalente Entlohnung genannt, gefolgt von Angeboten der betrieblichen Kinderbetreuung sowie flexible Arbeitsbedingungen und Arbeitszeitregelungen. Auf *organisationaler Ebene* könnten die Transparenz hinsichtlich der Aufstiegswege sowie konkrete *Aufstiegsförderprogramme* hilfreich sein.

Unter einem *positiven Entwicklungsklima* werden beispielsweise eine *sukzessive Verantwortungsübernahme* oder *weibliche Rollenvorbilder* verstanden. Es handelt sich hierbei um eine Organisationskultur mit Freiräumen und Gelegenheiten zur persönlichen Entfaltung. *Soziale Unterstützung* von Kollegen und Vorgesetzten tragen zur Potenzialentfaltung ebenso bei wie eine gelebte *Fehlerfreundlichkeit*.

Aus politischer Perspektive kann die Einführung einer *Frauenquote* ein entscheidender Schritt zur Anpassung organisationaler Strukturen an weibliche Aufstiegsbedingungen sein (vgl. Sosa y Fink, 2013, S. 56-59).

Personenbezogene Aufstiegsfaktoren

Weibliche Führungskräfte zeichnen sich laut Einschätzung der Befragten durch *Persönlichkeitseigenschaften* wie Gewissenhaftigkeit, Offenheit für Neues und emotionale Stabilität aus. Notwendige Aufstiegsfaktoren sind Durchsetzungsfähigkeit, Klarheit, Ganzheitlichkeit und situativer Flexibilität. Zudem sollten die *Motive* des beruflichen Handelns im Streben nach beruflicher Entwicklung, einer hohen Identifikation mit der Arbeit und einem starken Bedürfnis nach Gestaltung liegen.

Hinsichtlich der *Kontrollüberzeugung* sollten Prozesse der *Selbsthinterfragung und Selbstkritik* in einem der Situation angemessenem ("funktionalen") Rahmen verlaufen und nicht im Sinne eines "schlechten Gewissens" überbetont werden. Weiterhin sollten weibliche Führungskräfte lernen, den *eigenen Erfolg anzuerkennen und internal zu attribuieren*.

Zu den personenbezogenen Aufstiegsfaktoren zählen zudem *Werthaltungen*, wie ein positives Menschenbild, Toleranz und Wertschätzung sowie ein stabiles *privates Umfeld* (vgl. Sosa y Fink, 2013, S. 59-62).

(3) Was braucht es für Führung? – Kompetenzbereiche

Ablauf

Mit den anschließend vorgestellten Kompetenzbereichen (vgl. Abbildung 3.1) der Aufstiegskompetenz (fachliche und überfachliche Fähigkeiten, Sozialkompetenzen, Personalkompetenzen und aktivitätsbezogene Umsetzungskompetenzen) können sich die Teilnehmerinnen in Einzel-, Gruppen- und Plenumsarbeit vertiefend auseinandersetzen. Die Bearbeitung von Fallbeispielen (vgl. Anhang A2.1: Materialien des Auftaktworkshops) dient dazu, Erkenntnisse über die (anfänglichen) persönlichen Einstellungen der Teilnehmerinnen zu den Facetten Macht, Durchsetzungsstärke, Abgrenzungsfähigkeit und Mikropolitik zu erlangen. In den vier Fallbeispielen sollen die Emotionen der Teilnehmerinnen hinsichtlich der identifizierter Spannungsfelder wie "eine Frau setzt sich durch", "eine Frau grenzt sich ab", "eine Frau wird nicht befördert" sowie mögliche alternative Lösungswege zur Bewältigung der skizzierten Situation dokumentiert werden. Nachfolgend ist der Arbeitsauftrag zur Bearbeitung der vier Fallbeispiele beschrieben.

Übung 2: Bearbeitung der Fallbeispiele.

Arbeitsauftrag:
Teil I: Individualarbeit
Bitte lesen Sie das Fallbeispiel in Ruhe durch und beantworten Sie die Fragen auf dem Vordruck (*Zeitvorgabe: 40 Minuten*)
Teil II: Gruppendiskussion:
Bitte finden Sie sich nach der Individualarbeit in Ihren Kleingruppen ein und diskutieren Sie wesentliche Merkmale des Fallbeispiels. Halten Sie Ihre Ergebnisse bitte stichpunktartig fest. (*Zeitvorgabe: 20 Minuten*)

Die Bearbeitung der Fallbeispiele zu den Themen Macht, Durchsetzungsfähigkeit, Abgrenzungsfähigkeit und mikropolitisches Handeln wird im Abschlussworkshop noch einmal aufgegriffen, um mögliche Effekte Interventionseffekte der Trainingstage bei den Teilnehmerinnen zu identifizieren. Die Darstellung ausgewählter Ergebnisse findet in Kapitel 5.3 statt.

(4) SWOT-Analyse – Teil 1: Partnerinterview zu den Stärken

Den inhaltlichen Abschluss des Auftaktworkshops bildet die Einführung in die Stärken-Schwächen-Chancen-Risiko-Analyse (kurz: SWOT-Analyse) (vgl. Andrews, 1971; Künzli, 2012). Die SWOT-Analyse ist ein zentrales Instrument zur Planung der Karrierestrategie und wird in mehreren Schritten angeleitet. Das berufliche Umfeld wird mit eigenen Potenzialen in Verbindung gesetzt. Dabei wechseln sich Phasen von Plenumsrunden, Einzelarbeit und Triadenarbeit ab. Als Einstieg in die SWOT-Analyse dient ein Partnerinneninterview zu den persönlichen Stärken, das durch Impulsfragen angeleitet wird (vgl. Übung 3).

Übung 3: SWOT-Analyse: Partnerinterview zu Stärken – Leitfragen.

Leitfragen zu den Stärken:
• Worin waren Sie in letzter Zeit erfolgreich?
• Welche Qualitäten würden Ihrem Team ohne Sie fehlen?
• Worin sind Sie am besten?
• Welche Fähigkeiten besitzen Sie im Umgang mit Menschen?
• Wo liegen Ihre Wissens-Schwerpunkte / fachlichen Stärken?
• Welche besonderen Erfahrungen haben Sie in Ihrem Fachbereich gesammelt, die Ihnen bei einer Bewerbung hilfreich sein können?
• Im Hinblick auf Ihr Aufgabengebiet: Worin erzielen Sie die größten Fortschritte bei Ihrer Zielgruppe / in der Zielerreichung?
• Welche nicht-beruflichen Aktivitäten machen Sie gerne?

(5) Zusammenfassung: Was wurde im Auftaktworkshop bearbeitet?

In der nachfolgenden Tabelle sind die Inhalte und Materialien des Auftaktworkshops noch einmal zusammenfassend dargestellt.

Tabelle 4.1: Zusammenfassende Darstellung des Auftaktworkshops.

	Thema	Inhalte	Übungen/Materialien
(1)	Kennenlernen und Biografie-Arbeit	• Vorstellung der Teilnehmerinnen • Die eigene berufliche Entwicklung	• Kleingruppenarbeit am Flipchart • Gallery Walk mit Leitfragen (Übung 1)
(2)+(3)	Kompetenzportfolio der Aufstiegskompetenz	• Vorstellung Kompetenzportfolio • Macht • Durchsetzungsfähigkeit • Abgrenzungsfähigkeit • Mikropolitisches Handeln	• Impuls zu den Aufstiegsfaktoren • Bearbeitung Fallbeispiele (Übung 2) • Fallbeispiel Frau Fröhlich (Kasten 2 im Anhang A2.1) • Fallbeispiel Frau Feld (Kasten 3 im Anhang A2.1) • Fallbeispiel Frau Nos (Kasten 4 im Anhang A2.1) • Fallbeispiel Frau Lenk (Kasten 5 im Anhang A2.1)
(4)	SWOT-Analyse	Stärken	• Partnerinterview mit Leitfragen (Übung 3)

(6) Evaluation des Auftaktworkshops

Am Ende des Auftaktworkshops wird den Teilnehmerinnen ein Evaluationsbogen ausge-
händigt.[11] Die Ergebnisse aus der Evaluation zeigen, dass den Teilnehmerinnen der Auftaktworkshop insgesamt gut (Mittelwert (m)=1,8) gefallen hat.[12] Hinsichtlich der *Didaktik
und Methodik* wurden das Auftreten und die Kompetenzen der Dozentinnen am besten bewertet (m=1,55), gefolgt von der Ausgestaltung der Kursmaterialien (m=1,70), der zeitlichen Strukturierung des Auftakttages (m=1,73) sowie der Angemessenheit der verwendeten
Lernmethoden (m=1,82). Geringfügig schlechter als die didaktischen Aspekte wurde der
Praxisbezug bewertet. Die Anwendbarkeit des Gelernten erreichte einen Wert von m=2,33
und die Bedeutung der Lerninhalte für die eigene berufliche Entwicklung wurde ebenfalls
als gut erachtet (m=2,09). Auch mit der *Organisation* waren die Teilnehmerinnen zufrieden:
Die zur Verfügung gestellten Räumlichkeiten (m=2,09) und Organisation des Ablaufs im
Vorfeld (m=1,82) schnitten gut ab.

Auf die offene Frage, was ihnen besonders gut gefallen hat, nannten fünf Teilnehmerinnen
die Gruppenarbeit, gefolgt von den Fallbeispielen, der Didaktik, der Möglichkeit zum
Netzwerken sowie der Arbeit an der eigenen Berufsbiografie mit je drei Nennungen. Dass
letztgenannte als sehr nützlich empfunden wurde, zeigt auch die Evaluation der Qualifizierungstage (T2).[13] Im Rahmen dieser wurden einzelne Programminhalte der Auftaktveranstaltung rückblickend bewertet, wobei die Möglichkeit zur Reflexion der eigenen Berufsbiografie als außerordentlich positiv (m=1,33) und hilfreich „zur eigenen Standortermittlung"
empfunden wurde. Die Teilnehmerinnen gelangten dadurch zu „mehr Klarheit über eigene
Fähigkeiten, Willen und Ansprüche" und bekamen „die Motivation, den nächsten Schritt zu
wagen".

Als Verbesserungsvorschläge inhaltlicher Art wurde mehr Zeit für die Gruppenarbeiten und
eine deutlichere Gruppeneinteilung (je N=2) erbeten. Die weiteren Vorschläge betreffen den
organisatorischen Rahmen der Veranstaltung wie beispielsweise die Bitte einer nochmali-
gen Ankündigung, dass der Workshop startet.

---

[11]   Der Evaluationsbogen zur Auftaktveranstaltung kann im Anhang A3: Fragebögen zur Workshopreihe eingesehen
       werden.
[12]   Die Bewertungsskala reichte hierbei von 1 (sehr gut) bis 5 (sehr schlecht).
[13]   Vgl. Fragebogen der Qualifizierungstage im Anhang A3: Fragebögen zur Workshopreihe.

4.2   Erste Praxisphase

Kurze Übersicht

(1) Psychometrischen Daten werden erhoben
(2) Finde ein Führungsprojekt
(3) SWOT-Analyse – Teil 2 : Vorbereitung

(1) Psychometrische Daten werden erhoben

Aus dem Auftaktworkshop und in die erste Praxisphase (10 Wochen) werden die Teilnehmerinnen mit zwei „Hausaufgaben" verabschiedet: Zum einen das Ausfüllen eines Fragebogens zur Erfassung der Führungsmotivation (vgl. Felfe, Elprana, Gatzka & Stiehl, 2012) und eines Fragebogens zur Erfassung der Persönlichkeitseigenschaften (NEO-FFI, vgl. Borkenau & Ostendorf, 2007). Das Ziel dieser Bearbeitung liegt in der individuellen Beurteilung der Eignung zur Übernahme einer Führungsposition. Im Rahmen der Coachings (2. Praxisphase) können die Teilnehmerinnen ihre individuellen Ergebnisse erfahren und über mögliche Implikationen und Konsequenzen reflektieren.

(2) Finde ein Führungsprojekt

Zudem sind die Teilnehmerinnen angehalten, für die anstehende erste Praxisphase ein selbstgewähltes Führungsprojekt in ihrem Umfeld zu suchen und die notwendigen organisatorischen Detailfragen zu klären. Hierbei können und sollen sie sich am Führungskreislauf (vgl. Abbildung 4.2) orientieren.

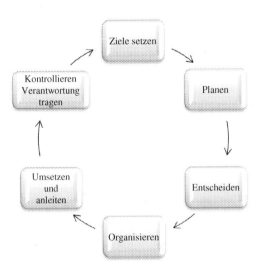

(3) SWOT-Analyse – Teil 2: Vorbereitung

Zur Fortführung der SWOT-Analyse erhalten die Teilnehmerinnen vier Wochen vor Beginn der zweiten Präsenzphase Impulsfragen (vgl. Übung 4) zur Reflexion der eigenen Schwächen und derzeitiger Grenzen, die durch ihre berufliche Rolle bedingt werden. Die Fragen beinhalteten zudem die Aufforderung zum Einholen von Feedback durch Dritte, wie beispielsweise Arbeitskollegen oder Vorgesetzte.

Materialien

Übung 4: Impulsfragen zur Fortführung der SWOT-Analyse.

Impulsfragen zu Stärken, Schwächen, Rolle
• Was ist mein einzigartiger Beitrag zu unserer Einrichtung?
• Wo liegen meine fachlichen Stärken?
• Welche Stärken würden andere in Bezug auf meine Kompetenzen nennen?
• Wo setzte ich meine Stärken aktuell ein?
• Wo möchte ich in Bezug auf meine Kompetenzen hinzugewinnen?
• Welche meiner Stärken nutze ich im Moment nicht (vollständig)?
• Wo liegen meine fachlichen Schwächen?
• Welche Rolle nehme ich derzeit in unserer Einrichtung/ Abteilung ein?
• Mit welchen Eigenschaften würde mich mein Vorgesetzter beschreiben?
• Mit welchen Personen kann ich besonders gut zusammen arbeiten?
• Mit welchen Personen fällt mir die Zusammenarbeit schwer?

4.3 Trainingstage

Die inhaltliche Schwerpunktsetzung der beiden Qualifizierungstage richtet sich nach dem Vorwissen und den Präferenzen der Teilnehmerinnen, die bereits im Zuge der Anmeldung erhoben wurden.[15] Neben der Fortführung der SWOT-Analyse erfahren die Themen Führung, Kommunikation, Mikropolitik und Selbstpräsentation in der zweiten Präsenzphase eine intensive Berücksichtigung.

---

[14] In Anlehnung an Alter, 2013, S. 111.
[15] Vgl. den Vorabfragebogen im Anhang A3: Fragebögen zur Workshopreihe.

Trainingstag 1

Kurze Übersicht

(1) Karrierephasen

(2) SWOT-Analyse – Teil 2: Ungenutzte Potenziale und Schwächen

(3) Zusammenfassung: Was wurde am ersten Qualifizierungstag bearbeitet?

(1) Karrierephasen

Inhalt

Die beruflichen Entwicklungspfade (von Frauen) unterliegen einer zeitlichen Dimension innerhalb einer Organisation und spielen dort im Sinne von Karrierephasen eine wichtige Rolle. Zu unterscheiden sind die Phasen der *Einführung*, des *Wachstums*, der *Reife* und der *Sättigung*. Insbesondere der Übergang von der *Phase des Wachstums zur Phase der Reife* (vgl. Graf, 2008; Cumming & Huse, 1989) ist im vorliegenden Kontext von besonderer Bedeutung, da hier die Weichen für die weitere berufliche Entwicklung, die einen Aufstieg zur Folge haben kann, gestellt werden. Als zentrale Entwicklungsthemen der Wachstumsphase nennt Staehle (1999):

- die Übernahme herausfordernder Aufgaben,
- den Erhalt von Verantwortung und Anerkennung sowie
- das Abstimmen von Karriere und Freizeit.

Verläuft dieser Prozess erfolgreich, geht das Erreichen der *Phase der Reife* mit der erfolgreichen Übernahme neuer Rollen einher, die Führungsaufgaben und Autonomie mit sich bringen (Staehle, 1999). Stagniert die Laufbahnentwicklung jedoch, wirkt sich dieser Umstand negativ auf die Lebensqualität der Person aus und wird als Dilemma empfunden (Abele, Volmer & Spurk, 2012).

Die diskursive Auseinandersetzung mit dem Modell der Karrierephasen (vgl. Abbildung 4.3; vgl. Graf, 2011; Staehle, 1999) bildet den inhaltlichen Einstieg in den *ersten Qualifizierungstag*. Nach einem kurzen Impulsreferat seitens der Referentinnen haben die Teilnehmerinnen die Möglichkeit, sich intensiv mit dem Modell und ihren eigenen Entwicklungspfaden auseinanderzusetzen.

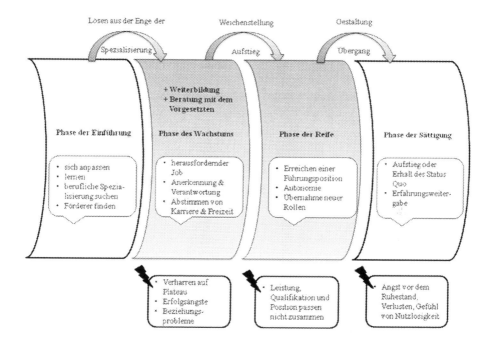

Abbildung 4.3: Lebenszyklusmodell.[16]

In der Auseinandersetzung mit dem Modell reflektieren die Teilnehmerinnen eigene Karrierephasen sowie das vorgestellte Lebenszyklusmodell (vgl. Abbildung 4.3). Diskussionsgegenstand im gemeinsamen Austausch waren vor allem Aspekte der Erholungs- und Sättigungsschleifen und diskontinuierliche Karriereverläufe.

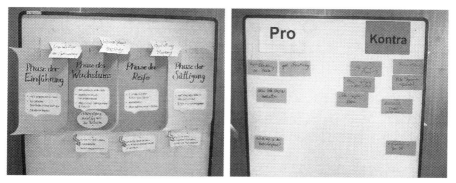

Abbildung 4.4: Impressionen aus dem Workshop – Thema Karrierephasen.

---

[16] Quelle: in Anlehnung an die Modelle von Graf (2007) und Cumming & Huse (1989).

(2) SWOT-Analyse – Teil 2: Ungenutzte Potenziale und Schwächen

Die anschließende „Stärken-Schwächen-Chancen-Risiken-Analyse", die bereits im Auftaktworkshop eingeleitet wurde, wird mit der Zielsetzung fortgeführt:

(1) ein *Struktogramm* zur Visualisierung des derzeitigen Arbeitsumfelds zu erstellen (vgl. von Schlippe & Schweitzer, 2013, S. 231),

(2) derzeit *ungenutzte Potenziale* zu identifizieren und

(3) *persönliche Schwächen* den im Auftaktworkshop erfassten Stärken gegenüber zu stellen.

Zu (1) Struktogramm

Anhand eines exemplarischen Fallbeispiels einer weiblichen Führungskraft aus dem Sozialwesen wird die Methode schrittweise im Plenum eingeführt (vgl. Kasten 6 in Anhang A2.2: Materialien der Trainingstage). Nach dem Impuls zur Darstellung des beruflichen Systems werden die Teilnehmerinnen angeleitet, ihr eigenes berufliches Umfeld darzustellen und sich hierüber in der Triade auszutauschen (vgl. Übung 5).

Materialien:

Übung 5: Triadenarbeit – Mein berufliches System.

Aufgabe: Mein berufliches System

a) Jede TN zeichnet sich und ihr umgebendes System auf

b) Jede TN stellt in der Gruppe ihr System vor – die anderen hören erst zu und stellen dann in einem weiteren Schritt Verständnisfragen.

Erläuterungen

Innerhalb der Triade wird anhand der folgenden Leitfragen zur aktuellen Tätigkeit weitergearbeitet. Es geht um aktuelle Aufgaben und Situationen, die Freude oder Langeweile erzeugen. Ziel: Die TN setzten sich mit ihrer gegenwärtigen Rolle auseinander und formulieren dies gegenüber den anderen Teilnehmerinnen. Ein Erfahrungsaustausch und Gespräch über dieses Thema wird eingeleitet:

Ablauf, Inhalt und Ergebnisse

Zu (2) Ungenutzte Potenziale

Im Anschluss an die intensive Triadenarbeit folgt eine Plenumsdiskussion zur Identifikation und Visualisierung bisher ungenutzter Potenziale der Teilnehmerinnen (vgl. Abbildung 4.5). Das Plenum dient somit als Rahmen, um ein Zwischenfazit zu ziehen und ebnet die nächsten Schritte der Stärken-Schwächen-Analyse. Als ungenutzte Potenziale werden von den Teilnehmerinnen identifiziert:

Wissen:

- Führungswissen
- Fremdsprachen
- Erwachsenenbildung
- Systemische Beratung und Coaching

Fachliche Kompetenzen:

- Entscheidungsvollmacht
- Vermittlung von Wissen
- Förderer sein
- Verhandlungsgeschick
- Vermittlung/ Schlichtung
- Durchsetzungskompetenz
- Strategische Planungen
- Gezielte Personalentwicklung, Mitarbeiterbindung und- pflege
- Innovationskraft
- Projekte

- Begleitung und Anleitung (kreativer) Prozesse

Soziale Kompetenzen & Netzwerken:

- Leichtigkeit, Humor
- Mut, neue Wege zu gehen
- Kreativität
- Reife
- Wissensdurst
- Gewinnung von Förderern
- Knüpfen neuer Netzwerkkontakte, Sozialraumarbeit
- Pflege internationaler Beziehungen; Interkultureller Kontakt und Austausch
- Kulturstifterin

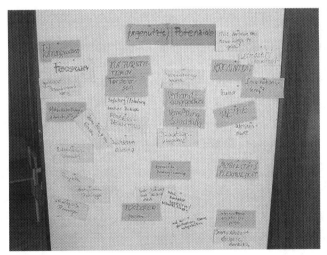

Abbildung 4.5: Ungenutzte Potenziale der Teilnehmerinnen – Ergebnisse der Plenumsdiskussion.

Zu (3) Gegenüberstellung der Stärken und Schwächen

Nachdem sich die Teilnehmerinnen intensiv mit ihrem beruflichen System auseinandergesetzt und dieses in der Triade vorgestellt haben, erfolgt im nächsten Schritt eine Gegenüberstellung der ermittelten Stärken und Schwächen. Hierzu führen die Dozentinnen die Methode des positiven Spekulierens ein (vgl. Übung 6).

Übung 6: „Positives Spekulieren".

Übung: Positives Spekulieren
Beim positiven Spekulieren handelt es sich um eine systemische Wahrnehmungsübung aus der Schule des sozialen Konstruktivismus. Sie wird in Gruppen eingesetzt, um u. a. das Klima und die Beziehungen zu verbessern, zu verdichten und aufzuwerten.   Die Dozentinnen demonstrieren die Methode des positiven Spekulierens in einem Kurzdialog. Beide sitzen sich gegenüber und betrachten sich zunächst aufmerksam.   Die erste beginnt damit zu formulieren, welche Stärken sie an der anderen vermutet, und wie ihr das in ihrer Aufgabe hilfreich ist: „So, wie ich Sie wahrnehme, könnte ich mir vorstellen, dass …"   „Ich glaube, Ihre Stärke liegt in,… und das schätzen andere an Ihnen"   Die beiden Partner wechseln und die zweite beginnt, über die erste zu spekulieren: „Ich glaube, Ihre Stärken liegen in … Das hilft Ihnen bei …"   Anschließend findet die Durchführung dieser Übung innerhalb der Großgruppe statt.

Das Ziel dieser Auseinandersetzung liegt im Erkennen von Entwicklungsfeldern. Hierzu vergleichen die Teilnehmerinnen ihre Stärken, die sie in der vorherigen Aufgabe erfasst haben, mit den wertschätzenden Äußerungen Dritter aus der Übung zum positiven Spekulieren.

Übung 7: Gegenüberstellung und Reflexion von Selbst- und Fremdwahrnehmung eigener Stärken.

Diese Stärken nehme ich selbst an mir wahr	Diese Eigenschaften vermuten andere an mir
• • •	• • •

Ablauf und Inhalt

Nachdem die Teilnehmerinnen die Stärken aus Selbst- und Fremdwahrnehmung gegenübergestellt haben, reflektieren Sie die folgenden Fragen für sich:

- Was fällt Ihnen im Vergleich auf?
- Was ist überraschend, was vertraut?

- Welche Ideen kommen Ihnen dabei?

Im Anschluss an diese Reflexionseinheit füllen die Teilnehmerinnen in der Triade das „Schwächenfeld" ihrer SWOT aus:

Hierin möchte ich mich verbessern:
•
•
•

Im gemeinsamen Plenum wird abschließend das eingangs beschriebene Fallbeispiel von Frau Hagen ergänzt (vgl. Kasten 7 in Anhang A2.2: Materialien der Trainingstage). Die Er-arbeitung des persönlichen Stärken-Schwächen-Profils der Teilnehmerinnen und der Bei-spielfall sind damit vervollständigt. Im nächsten Schritt werden die Ergebnisse auf das or-ganisationale Umfeld übertragen und Chancen sowie Risiken daraus abgeleitet. Dies findet im Abschlussworkshop der Aufstiegsqualifizierung statt (vgl. Kapitel 4.5).

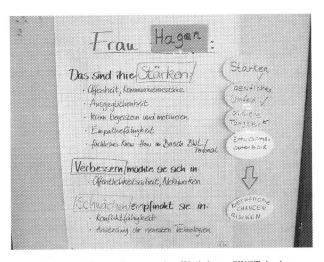

Abbildung 4.6: Impressionen aus dem Workshop – SWOT-Analyse.

Zum Abschluss des ersten Tages gestalten die Teilnehmerinnen ihre geplanten Führungs-projekte visuell (am Flipchart) und stellen diese im Plenum vor. Mit einem kurzen Ausblick auf den zweiten Tag und einem Blitzlicht zu den Wünschen der Teilnehmerinnen endet der erste Qualifizierungstag.

(3) Zusammenfassung: Was wurde am ersten Qualifizierungstag bearbeitet?

Eine zusammenfassende Übersicht der behandelten Themen und Übungen kann Tabelle 4.2 entnommen werden.

Tabelle 4.2: Zusammenfassende Darstellung des 1. Qualifizierungstages.

Thema	Inhalte	Übungen/Materialien
(1) Karrierephasen	Lebenszyklusmodell • Phase des Wachstums • Phase der Reife	Kleingruppenarbeit zu Pro und Contra an der Metaplanwand
(2) SWOT-Analyse	• Struktogramm des eigenen beruflichen Systems • Ungenutzte Potenziale • Gegenüberstellung von Stärken und Schwächen	• Triadenarbeit zum beruflichen System (Übung 5) • Fallbeispiel Frau Hagen (Kasten 6 und Kasten 7im Anhang A2.2) • Positives Spekulieren (Übung 6) • Reflexion Selbst- und Fremdwahrnehmung (Übung 7)

Trainingstag 2

Kurze Übersicht

(1) Führen – was ist das?
(2) Kommunikation – worauf ist zu achten?
(3) Die Bedeutung von Mikropolitik
(4) Selbstpräsentation
(5) Zusammenfassung: Was wurde am zweiten Qualifizierungstag bearbeitet?
(6) Evaluation der Qualifizierungstage

(1) Führen – was ist das?

Der *zweite Qualifizierungstag* dient der inhaltlichen Auseinandersetzung mit den Themen Führung, Kommunikation und Mikropolitik. „Führen und Geführt werden", eine Übung, bei der sich die Teilnehmerinnen gegenseitig – mit abwechselnd geschlossenen Augen – durch einen Hindernisparcours führen, leitet in das Thema Führung ein (vgl. Übung 8).

Übung 8: Führen und Geführt werden.

Beschreibung der Übung

1. Die Stühle sind als Hindernisse im Raum verteilt aufgestellt.
2. Je zwei Personen führen die Übung miteinander durch: Eine Person führt, die andere lässt sich mit geschlossenen Augen führen. Die Rollen werden im zweiten Durchgang gewechselt.
3. Die Führende muss sich ein Ziel im Raum suchen und die geführte dorthin leiten, ohne dass es Zusammenstöße mit Hindernissen oder anderen TN gibt.

Diskussionsfragen:

- Wie hat es sich angefühlt, geführt zu werden/zu führen?
- Was war überraschend schwierig oder leicht?
- Welche Strategien wurden angewendet?
- Was hat sich der Geführte gewünscht/befürchtet? Was der Führende?

Es war zu beobachten, dass die Tandems mit dieser Aufgabe ganz unterschiedlich zurechtkamen. Während einige Frauen gezielt die Führung ihrer Partnerin übernahmen, und zielsicher durch den Parcours leiteten, waren andere zurückhaltender und vorsichtiger. Die anschließende Nachfrage, wie sich die Geführten gefühlt haben, offenbarte, dass eine zu sensible und zu vorsichtige Herangehensweise des Führenden auch Unsicherheiten beim Geführten hervorruft.

Ablauf und Inhalt

Nach dieser Eingangsübung folgt ein Impuls der Dozentinnen zum Begriff der Führung (vgl. Kasten 8 im Anhang A2.2: Materialien der Trainingstage) und zu unterschiedlichen Führungsstilen (vgl. Kasten 9 im Anhang A2.2: Materialien der Trainingstage). Behandelt werden unter anderem der autoritäre Führungsstil, kooperative und Laissez-faire-Führung. Weiterhin erhalten die Teilnehmerinnen einen Einblick in die Kontingenztheorie, die besagt, dass der Führungserfolg von unterschiedlichen Determinanten, wie der Person des Führenden, der Situation und dem Führungsverhalten abhängt (vgl. Fiedler, 1967).

Im Anschluss an diesen theoretischen Input haben die Teilnehmerinnen die Möglichkeit, das eigene Geführt-Werden und ihre persönlichen Vorstellungen von guter Führung zu reflektieren. Sie erhalten hierzu die folgende Aufgabe:

Übung 9: Reflexion der eigenen Führungssituation.

Reflexionsaufgabe
Bitte reflektieren Sie, wie Sie selbst (derzeit) geführt werden und was dieses Verhalten in Ihnen auslöst.

Reflexionsfragen:

- Welche Verhaltensweisen rufen bei Ihnen positive, welche negative Empfindungen hervor?
- Wie würden Sie gerne geführt werden?
- Wie führen Sie selbst?

Ergebnisse der Reflexionsaufgabe

Die *bisherigen Erfahrungen* der Teilnehmerinnen sind äußerst heterogen und reichen von einem autoritären, nicht nachvollziehbaren Führungsstil bis zur Laissez-faire-Führung ohne Orientierungshilfen. Genannt werden weiterhin die aufgabenorientierte Führung, vertrauensvolle, kooperative Zusammenarbeit, Delegation, Partizipation und die Möglichkeit, gegebene Freiräume selbst zu gestalten.

Als *wünschenswert* erachten die Teilnehmerinnen nachvollziehbare Ziele und Visionen, eine gewisse Verbindlichkeit, regelmäßiges und ehrliches Feedback, Fehlerfreundlichkeit und die Förderung durch den Vorgesetzten. Aber auch die Informationsweitergabe, fachliche Diskussion und ein ehrliches Interesse an der Person sowie eine vertrauensvolle und wertschätzende Zusammenarbeit sind aus ihrer Sicht wichtige Faktoren der Führung.

Ablauf und Inhalt

Nach der Auseinandersetzung mit dem eigenen Geführt-Werden und der Gegenüberstellung der Wünsche, wie man selbst gerne geführt werden möchte, stand die Frage im Raum, ob Frauen anders führen als Männer. Um potenzielle Unterschiede – auch aus der Erfahrungswelt der Teilnehmerinnen – herauszuarbeiten, werden im Plenum „typische männliche" und „typische weibliche" Führungseigenschaften zusammentragen (vgl. Abbildung 4.7).

Während aus Sicht der Teilnehmerinnen Frauen zu Selbstkritik und Rücksichtnahme – auch auf eigene Kosten – neigen, wird Männern ein eher gelassenerer und gedankenloserer Führungsstil zugeschrieben. Für Frauen scheint die Reflexion der eigenen Tätigkeit sehr wichtig zu sein, Männer holen sich hingegen eher kein Feedback ein. Das Streben nach Harmonie,

Beziehungsorientierung und Detailgenauigkeit sind weitere Eigenschaften, die die Teilnehmerinnen weiblichen Führungskräften zuweisen.

Abbildung 4.7: Typisch männlich – typisch weiblich. Führungseigenschaften aus Sicht der Teilnehmerinnen.

Hinsichtlich einer „guten" Führung haben sich die nachfolgenden Verhaltensweisen als besonders wirksam erwiesen:

1. Idealisierte Einflussnahme
2. Inspirierende Motivation
3. Intellektuelle Stimulation
4. Individualisierte Betrachtung des Mitarbeiters
5. Belohnung guter Leistungen
6. Reaktion auf Fehlleistungen

Eben diese Verhaltensweisen werden vor allem von Frauen gezeigt (vgl. Eagly, Johannesen-Schmidt & van Engen, 2003).

Nach diesem kurzen Exkurs zur Gegenüberstellung weiblicher und männlicher Führungsstile erhalten die Teilnehmerinnen einen Impuls zur Mitarbeiterführung. Dass Mitarbeiterinnen und Mitarbeiter unterschiedliche Entwicklungs- und Reifungsstadien besitzen können, verdeutlicht das Führungsmodell der Reifegrade von Hersey & Blanchard (1988) (vgl. Abbildung 4.8). Je nachdem, ob eine Führungskraft eher mitarbeiter- oder aufgabenorientiert führt, kann sie anders darauf reagieren.

Abbildung 4.8: Reifegradmodell nach Hersey und Blanchard.[17]

Erläuterung des Modells:[18]

(S1) Bei Mitarbeitern mit geringem Reifegrad sollte der unterweisende Stil Anwendung finden, der im Grunde den autoritären Führungsstil darstellt. Führungskräften, die sehr leistungsorientiert und kaum mitarbeiterorientiert sind, liegt dieser Stil am ehesten.

(S2) Können Mitarbeiter einen geringen bis mittleren Reifegrad vorweisen, sollte der integrierende Führungsstil Anwendung finden. Ähnlich wie beim unterweisenden Stil entscheidet auch hier die Führungskraft über die auszuführenden Aufgaben, handelt jedoch etwas „mitarbeiterorientierter". Sie versucht, die Mitarbeiter mit sach-logischen Argumenten zu beeinflussen (selling).

(S3) Erreichen Mitarbeiter einen mittleren bis hohen Reifegrad, sollte die Führungskraft partizipativ führen. Hierbei werden dem Mitarbeiter Problemfelder aufgezeigt, die Lösung ist jedoch eigenständig zu suchen und zu verantworten. Eine Partizipation bei der Entscheidungsfindung soll einen positiven Beitrag zur Motivation der Mitarbeiter leisten.

(S4) Delegation erweist sich dann als sinnvoller Führungsstil, wenn die Mitarbeiter einen hohen Reifegrad aufweisen. Der Mitarbeiter besitzt eine hohe Fachlichkeit, sodass die Führungskraft nicht aufgabenorientiert agieren muss. Es sind nur punktuelle Kontrollen notwendig.

---

[17] Quelle: Hersey, Blanchard & Johnson, 1996, S. 200.
[18] Vgl. im Folgenden Stock-Homburg, 2008, S. 423-425.

(2) Kommunikation – Worauf ist zu achten?

Im zweiten Themenblock setzen sich die Teilnehmerinnen intensiv mit dem Kommunikationsansatz nach Friedemann Schulz von Thun (vgl. Schulz von Thun, 2010) auseinander. Nach einer kurzen Einführung in das Modell „Vier Seiten einer Nachricht" (vgl. Abbildung 4.9), diskutieren die Teilnehmerinnen in zwei Gruppen mögliche Kommunikationsstörungen. Diese Störungen können auf jeder der vier Ebenen – Sachebene, Appellebene, Beziehungsebene oder Selbstoffenbarungsebene – entstehen.

Abbildung 4.9: Vier Seiten einer Nachricht.[19]

Mögliche Kommunikationsstörungen, wie beispielsweise Imponier- oder Fassadentechniken auf der Selbstoffenbarungsebene, Weitschweifigkeit auf der Sachebene, Erzeugen von kognitiver Dissonanz auf der Appellebene oder Projektionen und Übertragungen auf der Beziehungsebene werden als Kartensets an die beiden Gruppen ausgeteilt. Die Aufgabe besteht darin, diese einzelnen Kommunikationsstörungen der Nachrichtenseite zuzuordnen, auf der sie entstehen können (vgl. Abbildung 4.10). Das Ziel dieser Kleingruppenarbeit ist die Identifikation und Reflexion typischer Kommunikationsfallen und die Erarbeitung von Lösungsansätzen.

---

[19] Quelle: Schulz von Thun, 2010, S. 30.

Abbildung 4.10: Impressionen aus dem Workshop – Übung zu Kommunikationsstörungen.

Zum Abschluss des Themas Kommunikation und Kommunikationsfallen erhalten die Teilnehmerinnen ein Handout mit typischen Kommunikationsfallen (vgl. Kasten 1).

Kasten 1: Kommunikationsfallen.[20]

Fallen in der Kommunikation
• Anordnungen und Befehle
• Vorwürfe
• Schuldzuweisungen und Wertungen
• Aufstellen von Normen
• Pauschalisieren
• unechte Fragen
• fassadenhaftes Benehmen
• Du-Botschaften

(3) Die Bedeutung von Mikropolitik

Inhalt

Mikropolitische Handlungsweisen bilden den Schwerpunkt des dritten Themenblocks. In gängigen Modellen werden als Aufstiegskompetenzen meist fachliche, soziale und Methodenkompetenzen genannt (vgl. bspw. Erpenbeck & von Rosenstiel, 2007). Eine explizite Erwähnung mikropolitischen Handelns als essenzielle Aufstiegskompetenz findet jedoch

---

[20] Vgl. Schulz von Thun, 2010.

kaum statt. Dabei ist bereits die Planung der Übernahme einer Führungsposition eine mikropolitische Handlung. Die Nachwuchsführungskraft möchte mehr Entscheidungsbefugnisse, eigene Interessen durchsetzen etc. Das Ausüben von Macht und somit die Übernahme einer Führungsposition ist ohne Mikropolitik nicht möglich. Aus diesem Grund werden die Teilnehmerinnen in einem kurzen Impulsvortrag mit typischen mikropolitischen Taktiken vertraut gemacht (vgl. im Folgenden Schiffinger & Steyrer, 2004). Grundsätzlich findet Mikropolitik in jedem Unternehmen statt, was es unabdingbar macht, die vorherrschenden Spielregeln zu kennen und entsprechend zu reagieren. Hierzu gehört beispielsweise:

- Konflikte und Widerstände frühzeitig zu erkennen,
- Interessen von Abwesenden zu berücksichtigen,
- Möglichkeiten zur offenen Kontroverse zu schaffen,
- Beziehungspflege und
- das Aufstellen von Regeln, welche Verhaltensweisen akzeptiert werden und welche nicht.

Zu den mikropolitischen Taktiken zählen:

(a) Einflusstaktiken wie emotionale Appelle, das Einbeziehen anderer oder auch das bewusste Zurückhalten von Informationen und hierarchischer Druck

(b) Impression Management, hierunter fallen das Einschmeicheln, Erweisen von Gefälligkeiten, Einschüchterung aber auch Eigenwerbung und die Internalisierung von Erfolgen.

(c) Netwoking, worunter das indirekte Nutzen von Stärken, Ressourcen und des Einflusses Anderer verstanden wird, ebenso wie die Pflege von Kontakten zu Vorgesetzten und wichtigen Mitarbeitern und das Schmieden von Koalitionen – auch mit Externen.

Eine genderspezifische Auseinandersetzung mit diesen Taktiken verdeutlicht die Unterschiede zwischen Männern und Frauen im Hinblick auf mikropolitisches Handeln (vgl. Abbildung 4.11). Während offener Druck scheinbar unabhängig vom Geschlecht ausgeübt wird, greifen Männer eher zu Taktiken wie Einschüchterung oder emotionalen Appellen. Frauen suchen vermehrt den Kontakt zu Gleichgesinnten und erbringen „unterwürfige" Gefälligkeiten.

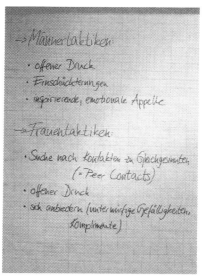

Abbildung 4.11: Mikropolitik – unterscheiden sich die Taktiken nach dem Geschlecht?

Den thematischen Abschluss dieser Einheit bilden die mikropolitischen Handlungsfelder (1) Verhältnis zu Macht, (2) Vereinbarkeit, (3) Work-Life-Balance, (4) Netzwerke, (5) Emotionen, (6) Selbstdarstellung, (7) Unternehmenskultur und (8) Körperlichkeit (vgl. Mucha & Rastetter, 2012). Die Tatsache, dass innerhalb der Gruppe bereits einige Teilnehmerinnen Führungserfahrung besitzen, ließ einen Erfahrungsaustausch zwischen Führungsfrauen und leitungsinteressierten Teilnehmerinnen zu. Im Rahmen einer moderierten Expertinnenrunde erhielten die Führungskräfte die Möglichkeit, Stellung zu den vorgestellten Konstrukten zu nehmen und aus ihrem eigenen Führungsalltag zu berichten. Die übrigen Teilnehmerinnen erhielten interessante Einblicke in den Umgang mit Macht, Networking-Aktivitäten und dem Thema Weiblichkeit in der Führungsrolle.

(4) Selbstpräsentation

Ablauf und Inhalt

Der vierte und letzte Themenblock befasst sich mit der Selbstpräsentation und dem Auftreten der Teilnehmerinnen. Hierbei wird den Teilnehmerinnen die Möglichkeit gegeben, eine kurze Präsentation mit anschließendem Feedback zu einem selbstgewählten Thema zu halten. Eine Teilnehmerin erklärte sich im Vorfeld dazu bereit, ein Projekt aus ihrer aktuellen Tätigkeit im Plenum vorzustellen. Da sie dieses des Öfteren vor unterschiedlichem Publikum präsentieren muss, wählte sie sich aus dem Teilnehmerkreis Stellvertreterinnen aus, die für die üblichen Zuhörerinnen ihrer Projektvorstellung standen (Presse, Kindergärtnerinnen,

Vertreter der Agentur für Arbeit, der Krankenkasse, Kollegin und Vorgesetzte). Ziel dieses Szenarios war es, eine möglichst reale Situation zu konstruieren, sodass die Vortragende sich im geschützten Raum ausprobieren kann. Zwei Beobachterinnenteams gaben Feedback zu Sprache, Foliengestaltung und Auftreten. Zuvor wurden kurz die gängigsten *Feedbackregeln* wiederholt (vgl. Kasten 10 im Anhang A2.2: Materialien der Trainingstage).

Abschließend geben die Dozentinnen noch einige *Tipps und Tricks* für eine gelingende Präsentation mit auf den Weg. Hierzu werden unterschiedliche Arten des Stehens und Gehens, der Handhaltung und Aussprache in Übungen erprobt, was den Teilnehmerinnen die Möglichkeit gibt, Unterschiede selbst zu erleben und an anderen zu beobachten. Eine Zusammenfassung der Tipps und Tricks erhalten die Teilnehmerinnen als Handout (vgl. Kasten 11 im Anhang A2.2: Materialien der Trainingstage).

Weiteres Vorgehen

Am Ende der beiden Qualifizierungstage werden die Teilnehmerinnen zu ihren geplanten Ausgleichsmaßnahmen (z. B. sportliche Aktivitäten, mehr Zeit mit der Familie,...) befragt und in die zweite Praxisphase verabschiedet. Diese sechs Monate umfassende Phase dient der Erprobung und Umsetzung neuer Verhaltensweisen und Leitungsaufgaben in der Praxis. Zum Monitoring des eigenen Führungsprojekts und zur Unterstützung der Reflexion des Projektverlaufs, erhalten die Teilnehmerinnen zudem ein Führungstagebuch.[21] Die zweite Praxisphase wird durch flankierende Coachings begleitet. Eine zusammenfassende Übersicht der behandelten Themen und Übungen des zweiten Qualifizierungstages kann Tabelle 4.3 entnommen werden.

---

[21] Das Führungstagebuch kann in Anhang A2.3: Materialien der zweiten Praxisphase eingesehen werden.

(5) Zusammenfassung: Was wurde am zweiten Qualifizierungstag bearbeitet?

In der nachfolgenden Tabelle sind die Inhalte und Materialien des zweiten Trainingstages noch einmal zusammenfassend dargestellt.

Tabelle 4.3: Zusammenfassende Darstellung des 2. Qualifizierungstages.

Thema	Inhalte	Übungen/Materialien
(1) Führen	• Begriff Führung • Führungsstile • Weibliche und männliche Führung • Reifegradmodell	• Führung fühlen (Übung 8) • Impulsvortrag „Führung" (Kasten 8 und Kasten 9 im Anhang A2.2) • Reflexionsübung (Übung 9)
(2) Kommunikation	• Vier Ohren Modell • Kommunikationsfallen	Kommunikationsfallen (Kasten 1)
(3) Mikropolitik	• Mikropol. Handlungsweisen • Mikropol. Taktiken	Impuls
(4) Selbstpräsentation	• Feedback • Auftreten	• Feedbackregeln (Kasten 10 im Anhang A2.2) • Tipps & Tricks (Kasten 11 im Anhang A2.2)

(6) Evaluation der Qualifizierungstage

Am Ende des zweiten Qualifizierungstages wurde den Teilnehmerinnen ein Evaluationsbogen ausgeteilt.[22] Ebenso wie der Auftaktworkshop, wurden auch die Qualifizierungstage *insgesamt* von den Teilnehmerinnen gut bewertet (m=1,79).[23] Hinsichtlich der *Didaktik und Methodik* beurteilten die Teilnehmerinnen auch dieses Mal das Auftreten und die Kompetenz der Dozentinnen am besten (m=1,43), gefolgt von den Kursmaterialien (m=1,57). Die verwendeten Lernmethoden und den Einbau von Reflexions- und Übungsgelegenheiten empfanden sie zudem als angemessen (m jeweils 1,86). Im Gegensatz zur Auftaktveranstaltung konnte im Rahmen der Qualifizierungstage die Praxisrelevanz, genauer die Anwendbarkeit des Gelernten besser vermittelt werden (m=2,0). Mehrheitlich als mittelmäßig bewerteten die Teilnehmerinnen jedoch die Bedeutung der Lerninhalte für die eigene berufliche Entwicklung (m=2,5).

Auch die *Organisation* der Veranstaltung hat den Teilnehmerinnen mehrheitlich zugesagt. So beurteilten sie die Organisation des Ablaufs im Vorfeld ausschließlich mit 1 (sehr gut) oder 2 (gut) bewertet (m=1,57), die zeitliche Strukturierung der Qualifizierungstage mit m=2,00 und die Räumlichkeiten mit m=2,14.

---

[22] Der Evaluationsbogen zu den Qualifizierungstagen kann in Anhang A3: Fragebögen zur Workshopreihe eingesehen werden.
[23] Die Bewertungsskala reicht von 1 (sehr gut) bis 5 (sehr schlecht).

Inhaltlich wurde die SWOT-Analyse mit einem Mittelwert von m=1,74 am besten bewertet, gefolgt von der Einheit zur Selbstpräsentation (m=2,0), den Grundlagen zu Führungsbegriff und Führungsstilen (m=2,14), der Auseinandersetzung mit den Karrierephasen (m=2,14) und dem Themenblock zur Kommunikation (m=2,43). Dass die Einheit zur Kommunikation am schlechtesten abgeschnitten hat, kann darin begründet liegen, dass den Teilnehmerinnen das Modell von Schulz von Thum mehrheitlich bekannt war. Die Beobachtungen der Dozentinnen zeigen jedoch, dass den Teilnehmerinnen die Umsetzung des Modells und die Auseinandersetzung mit den Kommunikationsfallen nicht leicht gefallen ist.

Wie bereits bei der Evaluation der Auftaktveranstaltung, hatten die Teilnehmerinnen in zwei offene Fragen die Möglichkeit, *Lob und Verbesserungsvorschläge* an die Dozentinnen zu richten. Auf die Frage „Was hat Ihnen besonders gut gefallen?" wurde mehrfach die Möglichkeit zum Austausch mit anderen Frauen mit Führungswunsch genannt. Als positiv erachteten sie zudem die Chance, sich intensiv mit der eigenen beruflichen Situation auseinanderzusetzen (Selbstreflexion). Gewünscht hätten sich die Teilnehmerinnen insbesondere den vermehrten Einsatz von Rollenspielen zur Erprobung der eigenen Person sowie mehr individuelles Feedback.

4.4   Zweite Praxisphase – Führungsprojekt und flankierende Coachings

Kurze Übersicht

(1) Umsetzung des Führungsprojekts
(2) Coaching

(1) Umsetzung des Führungsprojekts

In der zweiten Praxisphase sind die Teilnehmerinnen angehalten, ihr selbstgewähltes Führungsprojekt in der Praxis umzusetzen. Mit flankierenden telefonischen Coachings soll dieser Prozess, der vor allem auch der Entwicklung einer Karrierestrategie dienlich sein soll, seitens der Dozenten unterstützt werden. Gemäß Volmer & Abele (2013) sowie Hirschi (2011) kann die Suche nach der passenden Karriereentwicklung durch das Setzen gezielter Entwicklungsimpulse unterstützt werden. Insbesondere aufstiegsorientierte weibliche Führungskräfte sind gefordert, an der Überwindung geschlechtstypischer Hürden („gläserne Decke") zu arbeiten (Conference Board, 2002), da die Spielregeln des Aufstiegs grundsätzlich als erlernbar betrachtet werden (vgl. auch Leimon, Moscovici & Goodier, 2011; Bamberg, Iwers-Stelljes, Janneck, Mohr & Rastetter, 2009; Mucha & Rastetter, 2012).

(2) Coaching

Die angebotenen Coachings orientieren sich am Ansatz des kognitiv-informationsverarbeitenden Ansatzes nach Hirschi (2011) und an den Leitgedanken des klärungsorientierten Coachings nach Schmidt und Gudat (2013). Ziel ist, die Teilnehmerinnen darin zu unterstützen, sich selbst (Persönlichkeitseigenschaften, zwischenmenschliche Motive, Führungsmotivation) und mögliche Karrierewege besser kennen zu lernen und dabei die Fähigkeit zur Entscheidung und Karriereplanung zu stärken. Sowohl die Persönlichkeitseigenschaften (NEO-FFI, vgl. Borkenau & Ostendorf, 2007) als auch die Führungsmotivation (Führungsmotivationsinventar, vgl. Felfe, Elprana, Gatzka & Stiehl, 2012) wurden bereits vor Beginn der Qualifizierung erfasst (siehe Auftaktworkshop). Innerhalb der telefonisch erfolgten Coachings werden die Testergebnisse (vgl. Kapitel 5.2) systematisch erläutert und auf die gegenwärtige berufliche Situation oder die vorhandenen Aufstiegswünsche hin interpretiert. Hierbei werden förderliche und weniger förderliche Kontextfaktoren thematisiert. Die Coachees werden zu Fortschritten, auftretenden Herausforderungen und angewandten Lösungsstrategien in der Umsetzung ihrer Führungsprojekte befragt und erhalten die Gelegenheit, eigene Fragestellungen (z. B. Umgang mit Personalführung) in das Coaching einzubringen. Reflexionsimpulse (z. B. Bearbeiten eines Führungstagebuchs), fakultative Übungen (z. B. Übung zur Stabilisierung des persönlichen Selbstwerts) und konkrete Arbeitsaufträge strukturieren zudem diesen Abschnitt.

4.5 Abschlussworkshop

Der Schwerpunkt des Abschlussworkshops liegt in der Reflexion des Lernprozesses und der Formulierung der künftigen Karrierestrategie. Mit dem eineinhalb-tägigen Workshop ist der Prozess des Pilotvorhabens vorerst abgeschlossen. Inhaltliche Schwerpunkte sind die Rückschau auf das persönliche Führungsprojekt, das Kompetenzportfolio der Aufstiegskompetenz, die Konkretisierung der eigenen Karrierestrategie, ein inhaltlicher Impuls zur Gestaltung der persönlichen Work-Life-Integration und die erneute Bearbeitung von Fallbeispielen zu den Aufstiegskompetenzen Macht, Durchsetzungsfähigkeit, Abgrenzungsfähigkeit und Mikropolitik.[24] Im Rahmen der SWOT-Analyse findet ein Abgleich der Chancen und Risiken für potenzielle Stellen innerhalb der Organisation statt. Zudem werden konkrete und überprüfbare Schritte für die nächsten Monate und Jahre als Laufbahnziele formuliert.

Abschlussworkshop – Tag 1

Kurze Übersicht

(1) Das Führungsprojekt
(2) Laufbahnplanung
(3) SWOT-Analyse – Teil 3: Chancen und Risiken
(4) Zusammenfassung: Was wurde am ersten Tag des Abschlussworkshops bearbeitet?

---

[24] Vgl. zum Fallbeispiel Macht Kasten 14, zum Fallbeispiel Durchsetzungsfähigkeit Kasten 15, zum Fallbeispiel Abgrenzungsfähigkeit Kasten 16 und zum Fallbeispiel Mikropolitik Kasten 17 im Anhang A2.4: Materialien des Abschlussworkshops.

(1) Das Führungsprojekt

Ablauf und Inhalt

Während der sechsmonatigen Anwendungsphase konnten die Teilnehmerinnen ihr selbst-gewähltes Führungsprojekt durchführen. Bei einem großen Teil der Teilnehmerinnen ereig-neten sich in dieser Zeit jedoch auch strukturelle Veränderungen im Arbeitsumfeld, die Auswirkungen auf die Durchführung des Projekts mit sich führten (z. B. Beförderung in eine andere Position und Abteilung, Wechsel der Geschäftsführung, Wegfall des Etats, die Führungskraft hatte eine Krise zu bewältigen, Verschiebung des Projekts seitens der Leitung in das nächste Jahr). Eine intensive und rückblickende Auseinandersetzung mit dem eigenen Projekt ist daher von großer Relevanz.

Allen Projekten liegt der Kreislauf „Ziele setzten – Planen – Entscheiden – Organisieren – Umsetzten und anleiten – Kontrollieren und Verantwortung tragen zugrunde (vgl. Füh-rungstagebuch im Anhang A2.3: Materialien der zweiten Praxisphase). Darauf aufbauend werden die Herausforderungen und Lösungsstrategien der Teilnehmerinnen im Rahmen ei-ner Gruppenarbeit identifiziert und diskutiert. Die zum Einsatz kommende Methode des World Cafés wurde aufgrund der Evaluationsergebnisse zu den Qualifizierungstagen aus-gewählt. Nach der Einführung in die „Spielregeln" des World Cafés (vgl. Kasten 12 im An-hang A2.4: Materialien des Abschlussworkshops) erhalten die Teilnehmerinnen die Mög-lichkeit, sich über ihre Führungsprojekte auszutauschen. Die Reflexionsfragen (vgl. Übung 10) werden hierzu auf drei im Raum verteilten (Bistro)-Tischen platziert. Pro Tisch sind 15-20 Minuten zum Austausch vorgegeben. Ein akustisches Signal läutet den Wechsel des Ti-sches ein. Nach ca. 1,5 Stunden findet im gemeinsamen Plenum eine kurze Auswertung und Zusammenfassung der an den Tischen diskutierten Erfahrungen statt.

Materialien

Übung 10: Austausch zum Führungsprojekt im World Café.

World Café Reflexionsfragen

Tisch 1:
1a) Was hat mein Projekt mit Führung zu tun?
1b) Wobei bin ich an Grenzen gestoßen (bei mir, bei anderen)?

Tisch 2:
2a) Welche Ergebnisse haben sich eingestellt?
2b) Wie habe ich es trotzdem geschafft?

Tisch 3:

3a) Welche Lehre ziehe ich daraus?

3b) Was würde ich nächstes Mal anders angehen?

Ergebnisse des Austauschs

Die intensive Auseinandersetzung mit dem eigenen Führungsprojekt sowie der Austausch innerhalb der Kleingruppe zeigten interessante Ergebnisse. So war das Spektrum der *Führungsaufgaben* insgesamt recht weit gefächert. Es wurden unter anderem die Aspekte Mitarbeiterentwicklung, Anleitung, Delegation, Einfordern oder Ausbau der eigenen Führungsposition, Kontrollieren und Neuorientierung genannt.

An *Grenzen* sind die Teilnehmerinnen sowohl auf organisationaler Ebene gestoßen, wenn es sich um die Themen wie die Leitungsstrukturen, Unternehmensstrategie, fehlende Entscheidungen oder auch die benötigten Ressourcen – finanziell wie zeitlich – handelte. Aber auch auf personaler Ebene traten Herausforderungen auf. Genannt wurde die Schwierigkeit, bei anderen Verhaltensänderungen zu erzielen oder Anweisungen durchzusetzen sowie die Grenzen der eigenen Person oder Persönlichkeit. Hinzu kommen Machtspiele und teils hohe Arbeitsanforderungen.

Die *Strategien zur Bewältigung* dieser Probleme lagen vor allem im kommunikativen Bereich, indem die Ängste der Beteiligten oder konkrete Probleme explizit angesprochen und die eigenen Grenzen aufgezeigt und benannt wurden. Als erfolgreich wurde die Delegation von Aufgaben beschrieben, wenn eine gute Anleitung im Vorfeld stattgefunden hat und die Aufgaben „zum richtigen Zeitpunkt" kontrolliert wurden. Die Teilnehmerinnen waren zudem offen, sich auf etwas Neues einzulassen und versuchten, sich abzugrenzen, indem beispielsweise das sog. „Multitasking" abgestellt wurde. Das Setzen eigener Ziele, die Inanspruchnahme einer Supervision und die Selbstsorge waren weitere Strategien zur Überwindung der auftretenden Herausforderungen.

Die *Lehren*, welche die Teilnehmerinnen aus ihrem Führungsprojekt ziehen, lassen sich wie folgt zusammenfassen: Ausdauer, klare Kommunikation, Offenheit für Neues, Grenzen erkennen und sich selbst abgrenzen. Hinter den genannten „Lehren" stecken die klassischen Aufstiegskompetenzen Durchsetzungsfähigkeit, Abgrenzungsfähigkeit und auch Macht. *Zukünftig* werden die Teilnehmerinnen vor allem auf die zeitliche Terminierung achten, Vorhaben schriftlich mit dem Vorgesetzten abklären und ein zeitliches Kontingent hierfür einplanen und einfordern, Probleme konkret benennen und sich im persönlichen/privaten Bereich deutlicher abgrenzen.

Abbildung 4.12: Impressionen aus dem Workshop – World-Café zu den Erfahrungen mit dem Führungsprojekt.

Der anschließende Austausch im Plenum dient der Ergebnissammlung und soll mögliche Stolpersteine bei der Übernahme einer Führungstätigkeit, vor allem aber Lösungsschritte herausarbeiten:

- Fehlerfreundlichkeit zugestehen
- flexibel in der Rolle sein (Arbeitsbiene vs. Kongressbesucherin)
- Erreichbarkeit der Ziele lassen Erfolge wachsen
- Druck heraus nehmen, Hilfe einfordern; Mitbeteiligte mit einbeziehen
- Stärke durch Loslassen und Vernetzen
- neue Erfahrungen möglich machen: dadurch bewegt sich etwas
- Analyse des Arbeitsfeldes, der Arbeitssituation; Arbeitsumfeld ändern
- Unbequemes unbequem angehen
- Vision beharrlich weiter verfolgen
- Work-Life-Balance; Selbstfürsorge
- Nutzen von vorhandenen Ressourcen: gut beobachten, nachfragen, Mut zum Delegieren haben; den Mitarbeitern Autonomie zugestehen
- Probleme und Schwierigkeiten ansprechen
- Wenn es so nicht geht, einen anderen Weg wählen

(2) Laufbahnplanung

Ablauf und Inhalt

Im Anschluss an die intensive Auseinandersetzung mit dem eigenen Führungsprojekt, der Reflexion von Erfolgen, Problemen und Lösungsstrategien, wird der Fokus auf die Teilnehmerinnen selbst gerichtet. Sie sind gefordert, ihren derzeitigen Standort – nach einem Jahr Teilnahme an der Aufstiegsqualifizierung – zu ermitteln und sich Gedanken darüber zu machen, wie hoch ihre Ambitionen sind, kurz- oder mittelfristig eine Führungsposition zu übernehmen und/oder diese auszubauen. Ferner können alternative Wege der Laufbahnentwicklung reflektiert werden, falls die Übernahme einer Führungsposition nicht den eigenen Vorstellungen entspricht. Hierzu wird das aus dem Auftaktworkshop bekannte Kompetenzportfolio zur Aufstiegskompetenz kurz wiederholt und die Teilnehmerinnen erhalten Zeit für eine individuelle Reflexionsphase (vgl. Übung 11).

Übung 11: Arbeiten am Kompetenzportfolio.

Übung zum Kompetenzportfolio
Das Kompetenzportfolio „Aufstiegskompetenz"

Das Kompetenzportfolio „Aufstiegskompetenz"

- Fachliche und überfachliche Fähigkeiten,
- Sozialkompetenzen,
- Personalkompetenzen,
- aktivitätsbezogene Umsetzungskompetenzen

Reflexionsfragen:

- Wie schätzen Sie sich hinsichtlich der vier Kompetenzfelder ein?
    - Worin sind Sie bereits gut ausgestattet?
    - Worin haben Sie dazu gewonnen?
    - Worin möchten Sie sich weiter entwickeln?
    - Was passt nicht zu Ihnen?
- Wie würde eine gute Kollegin Sie einschätzen?

Bitte tragen Sie Ihre Notizen in Ihr Kompetenzportfolio ein:

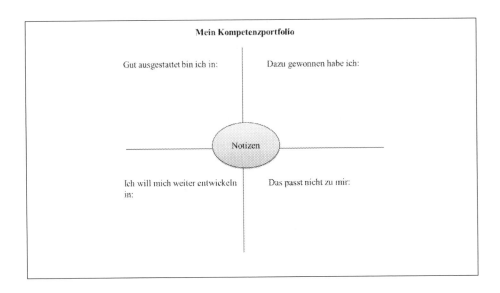

(3) SWOT-Analyse – Teil 3: Chancen und Risiken

Ablauf und Inhalt

Im Auftaktworkshop sowie in den daran anschließenden Qualifizierungstagen hatten die Teilnehmerinnen bereits die Möglichkeit, ihre persönlichen Stärken und Schwächen zu erarbeitet. Darauf aufbauend sollen im letzten Schritt der SWOT-Analyse Chancen und Risiken im beruflichen Umfeld analysiert werden. Ziel dieser Einheit ist es, mögliche Positionen innerhalb der Organisation zu identifizieren, auf die sich die Teilnehmerinnen bewerben möchten.

Die grundlegenden Gedanken dahinter sind:

- Wie die eigenen Stärken einsetzten, um die Chancen zu nutzen?
- Wie an den Schwächen arbeiten, um die Chancen zu nutzen?
- Wie die Stärken einsetzten, um die Risiken zu meistern?
- Wie an den Schwächen arbeiten, um die Risiken zu meistern?

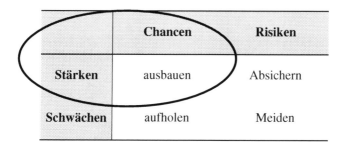

	Chancen	Risiken
Stärken	ausbauen	Absichern
Schwächen	aufholen	Meiden

Um den Teilnehmerinnen den Einstieg in diese Analyse zu erleichtern, kann das Fallbeispiel von Frau Hagen um die Chancen-Risiken-Analyse erweitert werden (vgl. Kasten 13 im Anhang A2.4: Materialien des Abschlussworkshops).[25]

Um die eigenen Potenziale und Interessen auf das berufliche Umfeld übertragen zu können, erhalten die Teilnehmerinnen die Möglichkeit, sich in einem dreistufigen Prozess mit den Chancen und Risiken intensiv auseinander zu setzen:

- Schritt 1: Partnerinneninterview
- Schritt 2: Soziometrische Aufstellung mit Mauschelgruppe
- Schritt 3: Triadenarbeit

Materialien

Im *ersten Schritt* werden die Teilnehmerinnen mit den folgenden Reflexionsfragen (vgl. Übung 12) in ein Partnerinneninterview entlassen.

Übung 12: SWOT-Analyse: Übertragung der Potenziale und Interessen auf den beruflichen Kontext.

Leitfragen zur Übertragung von Potenzialen in den beruflichen Kontext

Chancen:
- Welche Herausforderungen reizen Sie am meisten?
- Welche Freiräume lässt Ihnen Ihre Position?
- Mit der Lösung welchen Problems könnte Ihr Team den größten Erfolg haben?
- Sind neue Zielgruppen entstanden, die Sie erreichen wollen?
- Welche neue Technologie/welcher neue Ansatz könnte Ihnen dabei helfen?
- Welche Trends zeichnen sich ab, aus denen Sie Nutzen ziehen könnten?

---

[25] In der Pilotierung war dies nicht notwendig, da die Gruppe sehr schnell ein intuitives Verständnis für die Analyse entwickelt hatte und dem Beispiel voraus waren. Eine direkte Auseinandersetzung mit den Fragen zu Chancen und Risiken erschien daher sinnvoller:

Risiken:

- Welche Veränderungen stehen bevor, die Ihr berufliches Umfeld, Ihre Abteilung betreffen? Was bewegt sich zurzeit in Ihrer Branche?
- Worin sind Ihre Konkurrenten stark?
- Gibt es Kollegen, die Ihnen den Rang ablaufen könnten?
- Was tun MitbewerberInnen, was Sie nicht tun?
- Gibt es sich ändernde, berufliche Anforderungen?
- Stehen interne Veränderungsprozesse an, die Ihre Position gefährden?

Ablauf und Inhalt

Nach der Durchführung des Interviews kehren die Teilnehmerinnen ins Plenum zurück. In der Mitte des Raums liegt ein langes Seil. Das eine Ende repräsentiert hierbei: sich bei der Übernahme einer Führungstätigkeit sehr sicher fühlen, sehr klar und entschlossen sein. Das andere Ende steht für: unschlüssig, eher unklar, fragend sein.

klar, entschlossen ———————————— unschlüssig, fragend

Die Teilnehmerinnen ordnen sich zwischen den beiden Enden oder an einem der Extrempunkte zu. Anschließend erfolgt eine kurze Zusammenfassung der Situation durch die Dozentinnen – wie hat sich die Gruppe aufgeteilt? Wo stehen mehr/weniger Frauen? Wo steht niemand? Wo eine einzelne Person? Die sich so gebildeten Teilgruppen werden befragt, wie es sich anfühlt, dort zu stehen, und was sie dazu veranlasst hat, sich so zu positionieren. Im Falle von unentschlossenen Frauen soll herausgefunden werden, was diesen zum Entschluss, eine Führungsaufgabe übernehmen zu wollen, fehlt.

Im *zweiten Schritt* tauschen sich die Gruppen intern in sogenannten Muschelgruppen darüber aus, was sie mit Blick auf die Übernahme einer Führungsaufgaben bewegt. Sollte eine Person alleine stehen, wird diese durch die Dozentinnen interviewt.

Konkrete Vorhaben, welche die Teilnehmerinnen in den kommenden Jahren beruflich verwirklichen möchten, werden in der Triade (*Schritt 3*) erarbeitet und formuliert. Hierzu werden konkrete Positionen innerhalb und außerhalb der Organisation benannt, die auf die Teilnehmerinnen attraktiv wirken. Es findet ein Rückbezug zu den oben genannten Reflexionsfragen zu Chancen und Risiken (vgl. Übung 12) statt, die hinsichtlich der „Karriereoptionen" diskutiert werden. In diesem Zusammenhang wird seitens der Dozentinnen an die Auseinandersetzung mit der eigenen beruflichen Biografie im Auftaktworkshop (Gallery-

Walk) erinnert, an deren Ende die Frage stand: Wovon möchte ich zukünftig mehr in meinem Beruf? Innerhalb der Triade setzen sich die Teilnehmerinnen mit den nachfolgenden Reflexionsfragen zur Vorbereitung auf die konkrete Karriereplanung auseinander (vgl. Übung 13).

Materialien

Übung 13: Chancen und Risiken der angestrebten Position.

Mein Ziel und die damit verbundenen Chancen und Risiken

Diese Aufgabe/ Position interessiert mich: _____

Chancen nutzen:
a) Diese Stärken werde ich dazu einsetzten: _____
b) Meine Stärken werde ich wie folgt einsetzen: _____
c) An diesen Schwächen möchte ich dazu arbeiten: _____
d) So möchte ich an meinen Schwächen arbeiten: _____

Risiken absichern:
a) So möchte ich mich gegen potenzielle Risiken absichern: _____
b) Dazu brauche ich noch: _____
c) Diese Informationen/Kontakte fehlen mir noch: _____

Zur konkreten Planung der identifizierten Aufstiegsmöglichkeiten werden den Teilnehmerinnen Reflexionsfragen mitgegeben, die das weitere Vorgehen helfen zu strukturieren und darüber hinaus die Kontextfaktoren berücksichtigen (vgl. Übung 14).

Übung 14: Individuelle Karriereplanung.

Meine Karriereplanung

Vorbereitung
Was möchte ich konkret bis Ende des Jahres anschieben, um meine Karriere voran zu bringen?

Ziele
Wo möchte ich bis in zwei Jahren (2016) stehen? Welche Position/Abteilung ist das?

Umsetzung

Woran würde ich im Laufe des kommenden Jahres merken, dass ich meinem Ziel näher komme (Fortschritt)? Was ist zu tun?

Überprüfung

Welche Vertrauensperson kann mich regelmäßig (z. B. 1x pro Quartal) nach Fortschritten fragen?

Familie, Privates, Netzwerke

Was möchte ich dazu in meinem privaten Umfeld (Familie) besprechen? Was brauche ich?

Förderer intern

Wer kann meine Absichten innerhalb der Organisation (Vorgesetzte) unterstützen? Wie spreche ich die Person an?

Qualifikationen & Referenzen

Was fehlt mir unter Umständen in meinem Lebenslauf dazu? Wie und wann kann ich es erwerben?

Netzwerke

Welche konkreten Personen möchte ich strategisch kennenlernen? Welche Kontakte möchte/sollte ich intensivieren, um voran zu kommen?

Was darf dabei nicht passieren?

(4) Zusammenfassung: Was wurde am ersten Tag des Abschlussworkshops bearbeitet?

In der nachfolgenden Tabelle 4.4 sind die Inhalte des ersten Tages des Abschlussworkshops noch einmal zusammenfassend dargestellt.

Tabelle 4.4: Zusammenfassende Darstellung des Abschlussworkshops – Tag 1.

Thema	Inhalte	Übungen/Materialien
(1) Führungsprojekt	• Führungsaufgaben • Erlebte Grenzen • Strategien zur Bewältigung	World Café (Kasten 12 im Anhang A2.4 und Übung 10)
(2) Laufbahnplanung	Arbeit am eigenen Kompetenzportfolio	Übung zum Kompetenzportfolio (Übung 11)
(3) SWOT-Analyse	• Chancen und Risiken • Karriereplanung	• Fallbeispiel Fr. Hagen (Kasten 13 im Anhang A2.4) • Reflexion eigener Potenziale im beruflichen Kontext (Übung 12) • Reflexion zu Chancen und Risiken der angestrebten Position (Übung 13) • Individuelle Karriereplanung (Übung 14)

Abschlussworkshop – Tag 2

Kurze Übersicht

(1) Work-Life-Balance
(2) Fallbeispiele zu Aufstiegskompetenzen – Teil 2
(3) Zusammenfassung: Was wurde am zweiten Tag des Abschlussworkshops bearbeitet?
(4) Evaluation des Abschlussworkshops

(1) Work-Life-Balance

Ablauf und Inhalt

Nach der Planung konkreter Karriereschritte startet der zweite Tag des Abschlussworkshops mit Impulsen zum Themenkomplex Work-Life-Balance. Schwerpunkte sind hierbei (1) das Verhältnis zwischen Berufs- und Privatleben, (2) Justieren des Gleichgewichts zwischen Tätigsein und Regeneration, (3) Einflussfaktoren des psychischen Wohlergehens sowie (4) Erholungsbereitschaft, psychische Widerstandskraft und Resilienz.

Zu (1) „Verhältnis zwischen Berufs- und Privatleben"

Ein kurzer Impuls zum Verhältnis zwischen Privat- und Berufsleben leitet in das Thema der Work-Life-Balance ein und soll die Frauen für die Balance zwischen diesen beiden Bereichen sensibilisieren. Was als Gleichgewicht wahrgenommen wird, ist hierbei individuell verschieden und unterliegt einer subjektiven Wahrnehmung. Es geht in erster Linie um das Verhältnis zwischen Anspannung und Entspannung. Dahinter stehen die Fragen, was persönlich als beanspruchend empfunden wird und in welchen Bereichen ein Ausgleich möglich ist. Die Formen der Gestaltung variieren zwischen Segmentation, Entgrenzung und Integration (dynamische Balance). Im Fall der *Segmentation* kollidieren private und berufliche Ziele kaum miteinander. Das Ziel besteht in der Vorbeugung und Minimierung von Zielkonflikten. Hierbei können berufliche Ziele die privaten dominieren oder umgekehrt oder sogar beide Ziele dauerhaft nebeneinander bestehen (vgl. Hoff, Grote, Dettmer, Hohner & Olos, 2005, S. 204). Anders sieht es bei der *Integration* aus, bei der Ziele aus dem privaten und beruflichen Kontext in Konkurrenz zueinander stehen und Konflikte verursachen. Um diese aufzulösen, müssen übergeordnete Ziele, sogenannte Integrationsziele definiert werden. Im Fall von konkurrierenden Zielen aus dem Privat- und Berufsleben ist folglich das übergeordnete Ziel das Erreichen einer Balance zwischen diesen beiden Bereichen. Es müssen folglich dynamische Anpassungen erfolgen und auf beiden Seiten Kompromisse eingegangen bzw. Abstriche (z. B. die Reduzierung der Arbeitszeit) gemacht werden (vgl. Hoff et al., 2005, S. 204 f.). Ganz ohne Zielkonkurrenz – da die Berufs- und Privatleben miteinander verschmelzen – kommt die Gestaltungsform der *Entgrenzung* aus. Diese kann sowohl äußerst arbeitszentriert ausfallen, wenn das Berufsleben das Privatleben dominiert, oder der Beruf wird zur Berufung und greift in den privaten Kontext über (vgl. Hoff et al., 2005, S. 205 f.).

Zu (2) „Justieren des Gleichgewichts zwischen Tätigsein und Regeneration"

Die vier Dimensionen des Tätigseins umfassen Arbeit, Interaktion, Spiel und Betrachtung. Während *Arbeit* und *Interaktion* zweckorientierte Handlungen darstellen, die ein bestimmtes Ziel verfolgen, wie beispielsweise das Erledigen einer Aufgabe oder die Interaktion mit anderen zum Netzwerkaufbau, handelt es sich beim *Spiel* und der *Betrachtung (Kontemplation)* hingegen um ein vollzugsorientiertes Handeln. „Der Zweck [dieser Handlungen] liegt nicht in äußeren Zielen, und das Handeln wird nicht durch äußere Ziele motiviert" (Schmidt-Lellek, 2007, S. 163). Durch beide Arten der Handlung kann die Realität erlebt und begreifbar gemacht werden. Unter Spiel können hierbei Gesellschaftsspiele im klassischen Sinn aber auch Rollenspiele im unternehmerischen Kontext verstanden werden. Die Betrachtung ist eine personenbezogene Handlung ohne Interaktion mit anderen.

Zu (3) „Einflussfaktoren des psychischen Wohlergehens"

Positiv auf das individuelle Wohlergehen können sich die nachfolgenden Faktoren auswirken (vgl. Kastner, 2010):

- Gute, soziale Beziehungen und Unterstützung,
- Selbstbestimmung,
- seine Umgebung und sich verstehen,
- Persönliches Wachsen und Reifen,
- Selbstbejahung, Achtsamkeit, Lebenssinn, Werte
- Praktische Lebensbewältigung

Zu (4) „Erholungsbereitschaft, psychische Widerstandskraft und Resilienz"

Die Erholungsphasen sollten zur Verbesserung der eigenen Situation in Abhängigkeit von (vgl. Krajewski, Seiler, & Schnieder 2013):

- Beanspruchungssensitivität,
- Wertigkeit von Erholung,
- Nonkonformität (kreatives Unangepasstsein) und
- Distanzierungsfähigkeit

genutzt werden. Welche Form der Erholung geeignet ist, ist eine individuelle und subjektive Entscheidung.

In einer nachfolgenden Reflexionseinheit erhalten die Teilnehmerinnen die Möglichkeit, ihre aktuelle Zeit- und Energieverteilung zu ermitteln und dieser die angestrebte und ideale Verteilung gegenüberzustellen (vgl. Übung 15).

Übung 15: Aktuelle und angestrebte Energieverteilung.

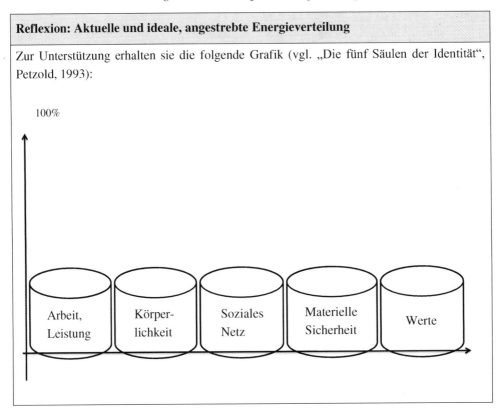

Reflexion: Aktuelle und ideale, angestrebte Energieverteilung

Zur Unterstützung erhalten sie die folgende Grafik (vgl. „Die fünf Säulen der Identität", Petzold, 1993):

100%

Arbeit, Leistung | Körperlichkeit | Soziales Netz | Materielle Sicherheit | Werte

Inhalt

Flexibel bleiben:
1. Lassen Sie starke Emotionen zu.
2. Packen Sie Probleme aktiv an und stellen Sie sich den Herausforderungen des täglichen Lebens.
3. Verbringen Sie viel Zeit mit Menschen, die Sie lieben.
4. Vertrauen Sie auf andere und auf sich selbst.

Die zehn Schritte zur Resilienz (vgl. Berndt, 2013)
- Bauen Sie soziale Kontakte auf
- Versuchen Sie, realistische Ziele zu erreichen
- Entwickeln Sie eine positive Sicht auf sich selbst

- Sehen Sie Krisen nicht als unlösbare Probleme
- Handeln Sie entschlossen
- Behalten Sie die Zukunft im Auge
- Sorgen Sie für sich selbst
- Akzeptieren Sie, dass Veränderungen zum Leben gehören
- Finden Sie zu sich selbst
- Erwarten Sie das Beste

Abschließend an diesen Impuls seitens der Dozentinnen teilen sich die Teilnehmerinnen in zwei Gruppen auf: Frauen mit und Frauen ohne Familienaufgaben. Dieser Schritt erscheint aufgrund der sehr unterschiedlichen Lebenssituation der Teilnehmerinnen erforderlich. In einem Schreibgespräch werden Probleme, Einstellungen und Positiverfahrungen sowie Tipps & Tricks der Vereinbarkeit bzw. Work-Life-Balance ausgetauscht (vgl. Übung 16) geteilt. Das Ziel des Austausches ist die Erkenntnis, dass man nicht nur selbst mit „problematischen" Situationen konfrontiert ist, sondern auch die anderen Teilnehmerinnen ähnliche Erfahrungen gemacht haben. Darüber hinaus sollen durch den Austausch Anregungen entstehen, wie solche Situationen gelöst werden können. Im gemeinsamen Plenum werden die Ergebnisse zusammengetragen und vorgestellt.

Übung 16: Übung zur Work-Life-Balance.

Übung zum Thema Work-Life-Balance
Auftrag Schreibgespräch:
Welche Probleme erlebe ich regelmäßig in der Gestaltung meines Alltags mit Blick auf Arbeit – Privatleben?   Welche guten Erfahrungen helfen mir weiter?   Was sind meine Tipps & Tricks?

Die wichtigsten Ergebnisse der Gruppenarbeit

Gruppe ohne Fürsorgepflicht

Die Gruppe der Frauen ohne Fürsorgepflichten erlebt im Berufsalltag nach eigenen Aussagen eine gewisse Vorwurfshaltung gegenüber der Möglichkeit der freien Zeiteinteilung. Aus Sicht der Kollegen mit Fürsorgepflichten hätten sie (vermeintlich) mehr Zeit zur freien Verfügung. Auch Neid und die Erwartungshaltung, immer flexibel reagieren und einspringen zu können („du kannst dann ja mal…"), werden als Spannungsfelder genannt. Sie sehen zudem die Gefahr, zu viel Zeit und Kraft in die Arbeit auf Kosten einer ausgeglichenen Work-Life-Balance zu investieren.

Um eine Balance zu gewährleisten oder wieder herzustellen, regen sie an, gezielt, private Termine zu vereinbaren und sich (Aus-)Zeiten im Kalender zu blocken. Bezogen auf den Arbeitskontext erachten sie es als wichtig, eigene Schwerpunkte zu setzen und bewusst Grenzen zu ziehen („nein-Sagen"). In der Freizeit sollten der PC und das Mobiltelefon auch mal ausgeschaltet und bewusst ein Ausgleich (z. B. sportliche Aktivitäten) eingeplant werden.

Gruppe mit Fürsorgepflicht

Die Teilnehmerinnen mit Fürsorgepflichten sehen sich vor allem dem Anspruch gegenüber, allen Anforderungen gerecht zu werden, was sich keinesfalls nur auf das berufliche Umfeld beschränkt. Als Konflikt identifizieren sie auch die eigene Haltung, bzw. das eigene Rollen-verständnis (traditionell vs. fortschrittlich). Die Verantwortung abzugeben und psychische Belastungen werden als weitere Problemfelder genannt.

Ihre Tipps sind eine gute Organisation und das Nutzen des eigenen Netzwerks. Zudem sei eine gewisse Gelassenheit notwendig, sodass alles in die „richtige Relation" zueinander ge-setzt werden kann. Ein Vorbild zu haben und selbst ein Vorbild zu sein, wird ebenfalls als hilfreich empfunden. Interessant ist zudem der Tipp, zur eigenen Haltung: „Zur Rabenmut-ter werde ich dann, wenn ich auf meinen Beruf verzichte".

Nachdem sich die Teilnehmerinnen intensiv mit dem Thema der Work-Life-Balance ausei-nander gesetzt haben, erhalten sie anschließend die Möglichkeit, sich erneut mit den Auf-stiegskompetenzen zu befassen.

(2) Fallbeispiele zu Aufstiegskompetenzen – Teil 2

Bereits im Auftaktworkshop bearbeiteten die Teilnehmerinnen vier Fallbeispiele zu den Themen Macht, Durchsetzungsfähigkeit, Abgrenzungsfähigkeit und mikropolitisches Han-deln. Diese Einheit wird im Abschlussworkshop noch einmal wiederholt, um einerseits noch stärker für diese relevanten Aufstiegskompetenzen zu sensibilisieren und andererseits, um mögliche Veränderungen in den Sichtweisen und Einstellungen der Teilnehmerinnen zu identifizieren. Ausgewählte Ergebnisse zur Fallbearbeitung (vgl. Kasten 14, Kasten 15, Kas-ten 16 und Kasten 17 im Anhang A2.4: Materialien des Abschlussworkshops) werden im anschließenden fünften Kapitel vorgestellt.

(3) Zusammenfassung: Was wurde am zweiten Tag des Abschlussworkshops bearbei-tet?

In der nachfolgenden Tabelle 4.5 sind die Inhalte des ersten Tages des Abschlussworkshops noch einmal zusammenfassend dargestellt.

Tabelle 4.5: Zusammenfassende Darstellung des Abschlussworkshops – Tag 2.

Thema	Inhalte	Übungen/Materialien
(1) Work-Life-Balance	• Verhältnis Berufs- und Privatleben • Gleichgewicht „Tätigsein und Regeneration" • Psychisches Wohlergehen • Resilienz, Widerstandskraft •	• Impulse • Meine Energieverteilung (Übung 15) • Problemfelder Frauen mit und ohne Fürsorgepflichten (Übung 16)
(2) Aufstiegskompetenzen	• Umgang mit Macht • Durchsetzungsfähigkeit • Abgrenzungsfähigkeit • Mikropolitisches Handeln	• Fallbeispiel Macht (Kasten 14 im Anhang A2.4) • Fallbeispiel Durchsetzungsfähigkeit (Kasten 15 im Anhang A2.4) • Fallbeispiel Abgrenzungsfähigkeit (Kasten 16 im Anhang A2.4) • Fallbeispiel Mikropolitik (Kasten 17 im Anhang A2.4)

(4) Evaluation des Abschlussworkshops

Am Ende des Abschlussworkshops wurde den Teilnehmerinnen ein Evaluationsbogen ausgeteilt.[26] Ebenso wie der Auftaktworkshop und die Qualifizierungstage wird auch der Abschlussworkshop *insgesamt* von den Teilnehmerinnen mit gut bewertet (m=1,68).[27] Hinsichtlich der *Didaktik und Methodik* beurteilten die Teilnehmerinnen auch dieses Mal das Auftreten und die Kompetenz der Dozentinnen am besten (m=1,36), gefolgt von den Kursmaterialien (m=1,45) und den verwendeten Lernmethoden (m=1,73). Die Praxisrelevanz wurde von den Teilnehmerinnen durchgehend als gut bewertet. Sowohl die Anwendbarkeit des Gelernten als auch die Bedeutung der Lerninhalte für die eigene berufliche Entwicklung erreichen einen Mittelwert von m=2,0. Auch die *Organisation* der Veranstaltung hat den Teilnehmerinnen wieder mehrheitlich zugesagt.

Die *Inhalte* erreichten Werte zwischen 1,0 und 2,0. Vor allem das flankierende Coaching während der zweiten Praxisphase wurde von den Teilnehmerinnen ausnahmslos mit sehr gut bewertet. Mit etwas Abstand folgen die Inhalte: Laufbahnplanung (m=1,82), Work-Life-Balance (m=1,82), Führungsprojekt (m=1,86) und die Auseinandersetzung mit den Aufstiegskompetenzen Macht, Durchsetzungsfähigkeit, Abgrenzungsfähigkeit und Mikropolitik im Rahmen der Fallbearbeitung (m=2,0).

Wie bereits bei den Qualifizierungstagen, erfuhren auch im Abschlussworkshop der Raum zur Reflexion und die Triadenarbeit von den Teilnehmerinnen *Lob*. Inhaltlich erwähnte die Teilnehmerinnen nochmals das Coaching und die persönliche Beratung, die Auseinander-

---

[26] Der Evaluationsbogen kann in Anhang A3: Fragebögen zur Workshopreihe eingesehen werden.
[27] Die Bewertungsskala reicht von 1 (sehr gut) bis 5 (sehr schlecht).

setzung mit den eigenen Stärken und Schwächen und die Karriereplanung. Aus persönlicher Sicht wird die Möglichkeit, sich selbst einbringen zu können und die Tatsache, auf den Weg der beruflichen Veränderung gekommen zu sein, positiv herausgestellt. Als Verbesserungsvorschläge wurden die folgenden Punkte mit auf den Weg gegeben:

- mehr Raum für Kleingruppenarbeit und persönlichen Austausch
- Feedback gemeinsam im Gespräch austauschen
- Agenda und Teilnehmer-Liste zwei Wochen im Voraus versenden
- Namensschilder auch beim letzten Treffen
- jeden Tag ein warmes Mittagessen

Im Nachgang dieses Pilotvorhabens erreichte die Dozentinnen noch eine E-Mail einer Teilnehmerin:

„... *nochmals vielen herzlichen Dank Ihnen und Ihrem Projektteam für die sehr gelungene Fortbildung! Ich habe vor allem von den Austausch- und Rückmeldungsmöglichkeiten viel profitiert.*
Durch diese Erfahrungsmöglichkeiten weiß ich jetzt sicher, dass ich das Zeug zur Führungskraft habe und traue mir eine solche Aufgabe auch zu. Und gerade im letzten Block ist mir klar geworden, dass ich trotzdem noch einen inneren Widerstand habe, mich konsequent auf eine entsprechende Stelle zu bewerben. Diese werde ich in einem Coachingprozess weiterführend bearbeiten."

5 Wer nimmt an der Aufstiegsqualifizierung teil? – Persönlichkeit und Motivation zur Führung

Nachdem im vorangegangenen Kapitel die Inhalte der Workshopreihe ausführlich vorgestellt wurden, soll nachfolgend ein genauerer Blick auf die Teilnehmerinnen und deren Führungseignung geworfen werden. Hierzu werden in Abschnitt 5.1 zunächst die theoretischen Grundlagen zu den psychometrischen Skalen des NEO-FFI und des FÜMO gelegt, ehe in 5.2 die aggregierten Testergebnisse der Teilnehmerinnen vorgestellt werden. Die Psychometrischen Daten wurden, wie bereits oben beschrieben, im Anschluss an die Auftaktveranstaltung erhoben und die individuellen Ergebnisse während der zweiten Praxisphase in den flankierenden Coachings als Reflexionsfolie genutzt. Die zusammenhängende Darstellung der Ergebnisse über alle Teilnehmerinnen an dieser Stelle ist als explorative Analyse der Bedeutung von individuellen und Kontextfaktoren zu verstehen.

Abschließend werden in Abschnitt 5.3 beispielhafte Ergebnisse aus den Fallbearbeitungen zu den Aufstiegskompetenzen Macht, Durchsetzungsfähigkeit, Abgrenzungsfähigkeit und mikropolitisches Handeln vorgestellt.

© Springer Fachmedien Wiesbaden GmbH, ein Teil von Springer Nature 2015
E. M. Brüning und T. Ayan, *Quo vadis? – Leitungsinteressierte Frauen im Sozial-
und Gesundheitswesen,* Edition KWV, https://doi.org/10.1007/978-3-658-24714-0_5

Für die Workshopreihe konnten insgesamt 13 Frauen gewonnen werden, die zudem an den Datenerhebungen mittels der Instrumente NEO-FFI und FÜMO sowie an der Erfassung kontextrelevanter Faktoren aus dem Arbeits- und Lebensbereich teilnahmen.

5.1 Theoretischer Hintergrund zu den psychometrischen Skalen

Persönlichkeitseigenschaften spielen als stabile Verhaltenskorrelate für das Erreichen einer Führungsposition und für die Effektivität als Führungskraft eine bedeutende Rolle (vgl. Chan & Drasgow, 2001; Piccolo & Judge, 2013). Dahinter stehen individuelle Bedürfnisse, Einstellungen und Dimensionen des Temperaments. Die fünf signifikanten Faktoren der Persönlichkeit Neurotizismus, Extraversion, Offenheit für neue Erfahrungen, Verträglichkeit und Gewissenhaftigkeit wurden von Costa & McCrae (1992) in das „Fünf-Faktoren Modell der Persönlichkeit" (Big Five) überführt, das für die Diagnostik geeigneter Führungskräfte eine grundlegende Bedeutung besitzt. Als psychometrisches Messverfahren findet der an die „Big Five" angelehnte Test *„NEO Five Factor Inventory" (NEO-FFI)* seither u. a. Einsatz in der Diagnostik beruflicher Leistungspotenziale und in der Laufbahnberatung (vgl. Borkenau & Ostendorf, 2007; Amelang & Bartussek, 1997).

Chan und Drasgow (2001) zeigten in ihrer Veröffentlichung zur Skala *„Motivation to lead"*, dass zwischen der Führungsmotivation und allen Dimensionen der „Big Five" Zusammenhänge mit dem Faktor Führungserfolg bestehen. In der Metaanalyse von Judge, Ilies, Bono & Gerhard (2002) wies Extraversion die stärkste Korrelation mit Führung (r=0.31) auf, danach folgten Gewissenhaftigkeit (r=0.28) und Offenheit für neue Erfahrungen (r=0.24). Verträglichkeit korreliert schwach mit Führung (r=0.08) und Neurotizismus negativ (r=-0.24). Das Fünf-Faktoren-Modell weist insgesamt eine multiple Korrelation (r=0.39–0.53) mit Führung auf. Zwischen den beschriebenen Persönlichkeitseigenschaften und sogenannten „überzeugenden Führungspersönlichkeiten" besteht folglich ein begründeter Zusammenhang. Emotional stabile Führungskräfte verfügen über ein ausgeprägtes Selbstwertgefühl und Selbstbewusstsein, was als Prädiktoren von Führung interpretiert wird. Extravertierte Führungskräfte werden in Gruppen leichter in ihrer sozialen Rolle wahrgenommen, sind dominanter und besitzen mehr Durchhalte-vermögen (vgl. Judge et al., 2002, S. 767 f.). Personen mit niedrigen Werten ziehen es vor, alleine zu sein, und treten eher zurückhaltend auf (Borkenau & Ostendorf, 2007, S. 40). Offene Führungskräfte sind demnach eher in der Lage, divergent zu denken und originelle Lösungen herbeizuführen, was wiederum mit Führungserfolg in Zusammenhang steht. Da Verträglichkeit in Verbindung mit Bindungsorientierung und Bescheidenheit gesehen wird, stehen diese Eigenschaften im Allgemeinen im Widerspruch zu „Leadership". Gewissenhafte Führungskräfte zeigen sich stärker initiativ, persistent und beharrlich (vgl. Judge et al., 2002, S. 768). Und auch hier zeigen sich Geschlechtsunterschiede: Weibliche Führungskräfte sind signifikant offener für neue Erfahrungen und gewissenhafter als ihre männlichen Kollegen. Hinsichtlich der

Eigenschaft „Verträglichkeit" besteht die Gefahr, dass hohe Werte bei Frauen hinderlich auf das Zeigen von Führungsverhalten wirken (vgl. Judge et al., 2002, S. 773 ff.).

Neben (stabilen) Persönlichkeitseigenschaften spielen also veränderbare Motivstrukturen eine bedeutende Rolle. Motivation entsteht durch zugrunde liegende latente Bewertungsdispositionen (Motive), die durch eine Anreizsituation angeregt werden. Auch wie mit Hindernissen oder Rückschlägen umgegangen wird, beeinflusst die Ausprägung der Motivation. So überrascht es nicht, dass motivierte Führungskräfte mehr Ausstrahlung, Spaß, Optimismus und Zufriedenheit bei der Arbeit zeigen und die Leistungsbereitschaft ihrer Mitarbeiter anregen (vgl. Kehr & Bless, 1999, Elprana, Gatzka, Stiehl & Felfe, 2012). Laut Elprana et al. (2012) ist Führungsmotivation – als spezifische Präferenz zur Erlangung und zum Ausbau einer Führungsposition – ein bedeutsamer Indikator für den Aufstieg in eine Führungsposition.

Felfe, Elprana, Gatzka & Stiehl (2012) greifen Erkenntnisse zur Motivationsforschung in ihren Arbeiten zum „Haus der Führungsmotivation" auf. Dabei werden u. a. Motivkonstellationen bezogen auf das Macht-, Leistungs- und Anschlussmotiv sowie auf motivationale Barrieren in der Erreichung einer Führungsrolle und Geschlechtsunterschiede hin untersucht.

In der Messung der Führungsmotivation wird zwischen einer Strebens- und Vermeidungskomponente unterschieden. Hinter Vermeidungstendenzen von Führung verbergen sich (neben der Sorge vor Misserfolg, Kontrollverlust und mangelnder Akzeptanz als Person) die Angst vor psychischem Druck, dem Verlust inhaltlicher Arbeitsaufgaben oder drohender Work-Life-Konflikte. Dieser differenzierte Blick erscheint bei der Analyse weiblicher Entwicklungspfade hilfreich, da Geschlechtsunterschiede in der Führungsmotivation vermutet werden (Felfe et al., 2012). Werden zum Beispiel bei potenziellen weiblichen Nachwuchsführungskräften gleichzeitig hohe Strebens- und Vermeidungskomponenten emergent, kann es förderlich sein, vorhandenen Motivationshindernissen der Kandidatin im Coaching nachzugehen.

Insbesondere Frauen mit hoher Führungsmotivation erreichen schneller und leichter Leitungspositionen (Strunk & Steyrer, 2005). Demnach sind weibliche Kandidatinnen beim Aufstieg in eine Führungsposition im Vorteil, die über ein hohes sozialisiertes Machtmotiv, ein deutlich ausgeprägtes Leistungsmotiv und eine eher geringe Anschlussmotivation verfügen (vgl. auch Chan & Drasgow, 2001, McClelland & Boyatzis, 1982). Es fällt ihnen leichter, nach Einfluss und Erfolg zu streben und sich gegen Widerstände durchzusetzen. Weiterhin erweist es sich als förderlich, wenn bei einer Person der Spaß am Führen einer Gruppe hoch ausgeprägt ist („affektive Komponente"). Auch weisen sie geringe Ängste hinsichtlich des Erlebens von Misserfolg und Kontrollverlust auf und können mit Ablehnung des Umfelds gut umgehen. Um in Spitzenpositionen aufzusteigen, ist die Einsicht, dass die Übernahme von Führung lohnend ist und Vorteile bringt, hilfreich („kalkulative Komponente"). Eine Person, die Führungsaufgaben übernimmt, weil ihr Umfeld sie stark in der Führungsrolle sieht, weist hohe Werte im sog. „normativen" Führungsmotiv auf. Überwiegt dieses Motiv, wird die Person in der Ausübung einer Führungsrolle in Motivkonflikte zu ihren eigenen Bedürfnissen geraten und sich sehr wahrscheinlich unwohl und wenig leistungsfähig fühlen (vgl. die Operationalisierung im FÜMO nach Felfe et al., 2012).

Persönlichkeit & Führungsmotivation

Welche Einflüsse Persönlichkeitseigenschaften oder die Führungsmotivation auf diesen Prozess ausüben, wird in den Arbeiten von McClelland und Boyatzis (1982) zum „Leadership-Motive-Pattern" sowie McCrae und Costa (1987) zu den „Big Five" der Persönlichkeit grundlegend untersucht. In der Metaanalyse von Judge, Ilies, Bono und Gerhardt (2002) wurde die Beziehung zwischen den Persönlichkeitseigenschaften des Fünf-Faktoren-Modells der Persönlichkeit und der sog. „Leadership effectiveness" nachgewiesen und auf die Bedeutung der Faktoren „Extraversion" und „Gewissenhaftigkeit" hingewiesen. Persönlichkeitseigenschaften haben folglich nicht nur einen Effekt auf den Führungserfolg, sondern spielen bereits bei der Entscheidung, eine Führungsposition zu übernehmen, eine entscheidende Rolle (vgl. Felfe & Gatzka, 2013).

Aus diesen Ergebnissen können wichtige Erkenntnisse für die Auswahl und Beratung – vor allem weiblicher Führungskräfte – abgeleitet werden. In der vorliegenden Studie wird dies auf den Sozial- und Gesundheitssektor übertragen, in dem die Quote weiblicher Führungskräfte bei 47% liegt und damit im Vergleich zu anderen Bereichen außerhalb des öffentlichen Dienstes (wie zum Beispiel Forschung und Entwicklung, Finanzdienstleistungen (vgl. Deutsches Institut für Wirtschaftsforschung, 2010)) recht hoch ist. Vor allem Themen, die den organisationalen Kontext und dessen Umfeld betreffen, also Kompetenzen, die „im jeweiligen Grundberuf zunächst nicht thematisiert" werden (vgl. Schreyögg, 2010, S. 29), scheinen in diesen Berufsfeldern relevant zu sein.

5.2   Die Teilnehmerinnen

5.2.1 Soziodemografische Merkmale der befragten Frauen

Die Altersspanne der Teilnehmerinnen reicht von 30-54 Jahre (m=41). Zwölf Frauen besitzen einen Hochschulabschluss (u. a. Pädagogik, Psychologie, M.A. Sozialmanagement), eine Teilnehmerin verfügt über eine Berufsausbildung. Unter den 13 Teilnehmerinnen befinden sich acht Mitarbeiterinnen und fünf Führungskräfte, wobei die Führungskräfte Positionen der unteren (Team- und Projektleitung) und mittleren (Abteilungs- und Bereichsleitung) Führungsebene, vor allem in den Feldern Behinderten- und Jugendhilfe, besetzen. Eine Führungskraft trägt hierbei Mitverantwortung für die Geschäftsführung ihrer Organisationseinheit. Eine der Mitarbeiterinnen ist in einer Stabsfunktion einem Unternehmensbereich angegliedert. Weitere sieben üben Aufgaben in sozialpädagogischen Berufsbildern und in der Verwaltung aus, von denen zwei Frauen (stellvertretende) Führungsaufgaben übernommen haben. Fünf Personen geben an, als Single zu leben (zwei Führungskräfte, drei Mitarbeiterinnen), acht leben in Partnerschaft. Sechs Frauen (zwei davon in Führungspositionen) haben Kinder

5.2.2 Sind die Teilnehmerinnen geeignet, in Führung zu gehen?

Analysestufe 1 – Führungspersönlichkeit und Führungsmotivation

In der ersten Analysestufe wird die grundsätzliche Eignung zur Führungskraft auf Basis der NEO-FFI- und FÜMO-Testergebnisse bestimmt (vgl. hierzu Eagly, Johannesen-Schmidt & van Engen 2003, Felfe et al., 2012). Zur Interpretation der NEO-FFI-Werte werden individuelle Testrohwerte herangezogen und der obere und untere 20%-Rang als Cut-Off-Wert festgelegt (vgl. Tabelle 5.1). Für den FÜMO werden Mittelwerte je Skala und Einzelperson berechnet, deren Einordnung für Frauen mit und ohne Führungsverantwortung anhand definierter Cut-Off-Werte erfolgt (vgl. Tabelle 5.2)

Tabelle 5.1: Cut-Off-Werte NEO-FFI (Testrohwerte, Bevölkerungsrepräsentative Quotenstichprobe Frauen).

	Über Norm (oberer 20%-Rang)	T von-bis	Toleranzbereich	T von-bis	Unter Norm (Unterer 20%-Rang)	T von-bis
N	30-48	59-81	16-29	43-58	0-15	19-41
E	33-48	59-81	22-32	42-57	0-21	19-40
O	36-48	59-81	25-35	43-58	0-24	19-41
V	36-48	59-81	28-35	34-56	0-27	19-41
G	39-48	60-81	29-38	43-58	0-28	19-41

N=Neurotizismus; E=Extraversion; O=Offenheit; V=Verträglichkeit; G=Gewissenhaftigkeit

Tabelle 5.2: Cut-Off-Werte FÜMO.

	Mittelwerte der Normgruppe weibliche Führungskräfte	Mittelwerte der Normgruppe weibliche Angestellte ohne Führungsverantwortung
Streben nach Einfluss	3,67	3,46
Streben nach Erfolg	3,88	3,78
Streben nach Akzeptanz	3,51	3,67
Vermeidung von Kontrollverlust	2,29	2,46
Vermeidung von Misserfolg	1,93	2,08
Vermeidung von Ablehnung	2,20	2,26
Affektives Führungsmotiv	3,55	3,20
Kalkulatives Führungsmotiv	2,19	2,20
Normatives Führungsmotiv	2,8	2,81
Vermeidung von Führung	2.39	2,65

Hohe Ausprägung (Werte: 3,6-5); Toleranzbereich (Werte: 2,5-3,5); Niedrige Ausprägung (Werte < 2,5)

Persönlichkeitseigenschaften

Aus Tabelle 5.3 wird ersichtlich, dass die vier Fälle 1, 2, 4 und 5 in der Ausprägung ihrer Persönlichkeitseigenschaften die für eine Führungskraft vorteilhafte Ausprägung von geringen Neurotizismuswerten, hoher Extraversion, überdurchschnittlich bis hoher Offenheit für neue Erfahrungen, einer durchschnittlich bis geringen Ausprägung von Verträglichkeit und hohe Gewissenhaftigkeit aufbringen.

Fälle 3, 7, 10, 12 und 13 liegen noch innerhalb eines Toleranzbereiches, der für Führungseignung spricht. Auch Fall 11 zählt zu dieser Gruppe, jedoch am unteren Bereich der Eignung.

Die verbleibenden drei Fälle 6, 9 und 14 liegen außerhalb des für Führungskräfte empfohlenen Bereichs (insbesondere aufgrund niedriger Offenheits- und Extraversionswerte in Kombination mit hoher Verträglichkeit) bzw. bleiben fraglich.

Tabelle 5.3: Persönlichkeitswerte (NEO-FFI).

Teilnehmerin	Neurotizismus	Extraversion	Offenheit	Verträglichkeit	Gewissenhaftigkeit
			Günstige Werte		
1	17	39	36	31	40
2	13	37	36	32	36
4	13	33	29	25	38
5	5	44	34	37	40
			Werte im Toleranzbereich		
3	14	24	26	36	37
7	18	30	32	31	41
10	20	29	25	22	29
11	19	27	22	21	31
12	26	27	24	30	31
13	22	30	25	24	25
			Ungünstige Werte		
6	21	27	32	35	39
9	18	22	27	23	25
14	23	27	17	18	29

Ausprägung von Führungsmotivation

Fünf Teilnehmerinnen (Fälle 1, 2, 5, 9 und 10) weisen die führungsaffine Ausprägung eines hohen Machtmotivs, eines vorhandenen Leistungsmotivs sowie eine hohe Ausprägung des affektiven Führungsmotivs in Verbindung mit einem mittleren bis geringen Anschlussmotiv bei geringer Vermeidung von Führung auf.

Die Fälle 3, 4, 7 und 12 liegen mit einzelnen Einschränkungen (wie z. B. hohes Streben nach Akzeptanz) innerhalb eines noch angemessenen Toleranzbereichs.

Deutlich außerhalb des empfehlenswerten Bereichs liegen die Fälle 6, 11, 13 und 14 in ihrem Motivationsprofil. Dies ist zum Beispiel durch gleichzeitig hohe Strebens- und Vermeidungswerte (13, 14) gekennzeichnet. In Tabelle 5.4 sind die Ergebnisse zur Führungsmotivation je Teilnehmerin dargestellt.

Tabelle 5.4: Werte zur Führungsmotivation.

	Streben nach...			Vermeidung von...			Führungsmotiv			Vermeidung von Führung
T N	Ein- fluss	Er- folg	Akzep- tanz	Kontrollver- lust	Misser- folg	Ableh- nung	Affek- tiv	Kalkula- tiv	Norma- tiv	
	Günstige Werte									
1	4,33	4,33	3,5	1,67	1,17	2,83	4,22	4	1,17	1
2	4,17	4	4	2	1,67	1,33	3,56	3,29	1,83	3
5	4,83	4,67	4,17	1,17	1	1,17	4,56	2,14	2,33	1,33
9	4,17	4,33	3,5	2	1,67	2	3,22	2	3,5	2,33
10	4,17	3,38	3	1,67	2,17	2,5	4,22	3,86	1,33	2,33
	Werte im Toleranzbereich									
3	3	3,38	3,17	2,5	2,5	3,67	3,44	1,71	2,33	2,33
4	3,17	4	3,17	2,5	2,17	3	3,33	3,86	1,33	3
7	3,5	3,5	4	2,5	2	1,5	3,44	2,43	2,67	2
12	4	3,5	3,33	2,33	2,17	3,83	3	2,29	2,5	3
	Ungünstige Werte									
6	3,67	3,17	4	3	3	2,33	2,44	3,29	3,4	4
11	4	3,38	4,83	1,5	2,17	1,5	3,33	3,17	1	3,67
13	4,17	4	4	2,5	2,17	2,83	3,67	1,86	3,33	3,67
14	4	3,83	4,67	3,83	3,67	4,17	3,44	2,29	3,17	4,67

Eine gleichzeitige Betrachtung der individuellen Persönlichkeitseigenschaften (Tabelle 5.3) mit den vorhandenen Voraussetzungen zur Führungsmotivation (Tabelle 5.4) ermöglicht die Bestimmung von drei Eignungstypen: 1) eindeutig geeignet, 2) bedingt geeignet und 3) nicht geeignet.

Typ 1: Eindeutige Eignung
Frauen, die aufgrund ihrer Persönlichkeitseigenschaften als geeignet erscheinen und zudem eine hohe Führungsmotivation aufweisen (Fälle 1, 2, 4, 5 und 10).

Typ 2: Bedingte Eignung
Frauen, deren Testergebnisse in einem der Konstrukte Persönlichkeit und Führungsmotivation noch im Toleranzbereich liegen, in dem jeweils anderen Bereich jedoch Abstriche / Einschränkungen zeigen (Fälle 3, 7, 9, 12 und 13).

Typ 3: Fehlende Eignung

Frauen, die sowohl aufgrund ihrer Persönlichkeitseigenschaften als nicht geeignet erscheinen als auch aufgrund niedriger Führungsmotivation nicht in Frage kommen (Fälle 6, 11 und 14).

Analysestufe 2: Erfassung weiterer Kontextfaktoren

In der zweiten Analysestufe werden Kontextfaktoren (Arbeitsplatzsituation, Lebenssituation) zu den Testwerten hinzugezogen und darüber eine Prognose über die weitere berufliche Entwicklung formuliert.

Tabelle 5.5: Berücksichtigung von Kontextfaktoren.

Fall	FK	Psycho-metrische Daten	Arbeitssituation	Lebenssituation	Bewertung Kontextfaktoren
1	Ja	Geeignet	Als Teamleiterin weit unter ihrem Potenzial beschäftigt. Verrentung des GF bedeutet Verlust eines wichtigen Förderers. Sieht keine Aufstiegsposition im Unternehmen und orientiert sich extern.	Jung Mutter geworden, wobei das Kind nun erwachsen und unabhängig geworden ist. Lebt in Partnerschaft.	Arbeitskontext ungünstig, Lebenssituation günstig
2	nein	Geeignet	Frisch aufgestiegen in Stabstelle des Vorstands. Erarbeitet sich Standing. Investiert in Weiterbildung.	Heranwachsendes Schulkind, sorgender Vater.	Beide Kontexte günstig
3	Ja	Bedingt geeignet	Erfährt als geschätzte Teamleiterin viel Förderung der Unternehmensleitung. Schützt ihre Belastungsgrenzen.	Lebt als Single.	Beide Kontexte günstig
4	nein	Geeignet	Ist nach erfolgreichen Jahren ihrer derzeitigen Position entwachsen und bewirbt sich extern auf Führungspositionen. Organisation steht unter Reorganisations- und Existenzdruck.	Lebt in Partnerschaft, keine Kinder.	Arbeitskontext ungünstig, Lebenssituation günstig
5	nein	Geeignet	Interessiert sich nach einem erfolgreichen Berufseinstieg für eine verantwortungsvollere Position. Zieht Auslandsaufenthalt in Erwägung und erweitert ihr Portfolio. Fühlt sich bei der Besetzung einer internen Leitungsposition übergangen. Organisation steht unter Reorganisations- und Existenzdruck.	Lebt als Single.	Arbeitskontext ungünstig, Lebenssituation günstig
6	nein	Nicht geeignet	Kompetente und erfahrene Mitarbeiterin, die eine horizontale Veränderung anstrebt. Arbeitet bevorzugt im Team. Bindung an den Arbeitgeber. Fortgeschrittenes Dienstalter. Eine Teamleiterstelle wird frei werden.	Lebt in Partnerschaft, heranwachsende Kinder. Gesundheitliche Einschränkungen.	Arbeitskontext günstig, Lebenssituation ungünstig

7	nein	Bedingt geeignet.	Verfügt über Berufserfahrung in verschiedenen Feldern und ist sehr arbeitsorientiert. Übernimmt einzelne stellvertretende Leitungsaufgaben. Erfährt Wertschätzung und Förderung. Weibliches Rollenvorbild vorhanden.	Lebt als Single.	Beide Kontexte günstig
9	nein	Bedingt geeignet	Hat sich eine Spezialistinnen- Funktion innerhalb einer Nische aufgebaut und viel investiert. Übernimmt stellvertretende Leitungsaufgaben und fühlt sich in der Organisationskultur sehr wohl. Bildet sich kontinuierlich weiter.	Lebt als Single.	Beide Kontexte günstig
10	Ja	Geeignet	Bereitet Aufstieg von mittlerer in obere Führungsebene vor. Findet Förderer und handelt günstige Leistungsbedingungen aus. Sehr zielstrebig und überzeugend als weibliche FK. Organisation steht unter Existenzdruck.	Lebt in Partnerschaft, keine Kinder.	Beide Kontexte günstig
11	nein	Nicht geeignet	Mitarbeiterin, die an verantwortungsvollen Aufgaben interessiert ist. Hohe Bindung an den Arbeitgeber, fortgeschrittenes Dienstalter. Fehlende Karrierestrategie. Besitzt Ambitionen auf berufliche Weiterentwicklung.	Lebt in Partnerschaft, zwei Kinder im Vorschul- und Schulalter. Traditionelle Erziehungsvorstellungen, jedoch sorgender Vater. Strebt Optimierung der Vereinbarkeit und Ausweitung des beruflichen Engagements an.	Arbeitskontext günstig, Lebenssituation bisher ungünstig
12	Ja	Bedingt geeignet	Junge Führungskraft, die frisch aufgestiegen ist und sich in ihrer Organisationskultur wohl fühlt. Normative Vorstellungen führen zu ersten Belastungssymptomen in der Rolle. Hohe moralische Wertmaßstäbe.	Lebt als Single mit Fürsorgepflichten für ältere Angehörige.	Arbeitskontext günstig, Lebenssituation bedingt günstig
13	Ja	Bedingt geeignet	Berufliche Rolle ist automatisch mit Führungsrolle und Geschäftsführung verknüpft. Strebt Ausweitung der beruflichen Tätigkeit an. Baut Netzwerke strategisch aus und erschließt sich Ressourcen, Coaching. Ist starken Stereotypien ausgesetzt.	Lebt in Partnerschaft, drei Kinder im Vorschul- und Schulalter. Sorgender Vater. Fehlende Regenerationsmöglichkeit.	Arbeitskontext günstig, Lebenssituation bedingt günstig
14	nein	Nicht geeignet	Befindet sich als qualifizierte Mitarbeiterin in einer krisenhaften Orientierungsphase. Fehlende Karriereplanung und biografische Brüche. Bevorzugt Arbeit im Team.	Lebt in Partnerschaft, ein Kind im Kindergartenalter. Instabile wirtschaftliche Verhältnisse.	Beide Kontexte ungünstig

Tn=Teilnehmerin; FK=Führungskraft; Psychometrische Daten: Zusammenschau aus NEO-FFI und FÜMO

Es zeigen sich anhand der Zusammenschau von psychometrischen Daten und Kontextfaktoren (vgl. Tabelle 5.5) fünf Konstellationen:

(1) Fälle, die sowohl in den psychometrischen Werten als auch bei den Kontextfaktoren Arbeit und Privatleben günstige Voraussetzungen mitbringen (Fälle 2, 10).

(2) Fälle, die in den psychometrischen Werten und in der Lebenssituation günstige, jedoch bei den Kontextfaktoren Arbeit ungünstige Voraussetzungen mitbringen (Fälle 1, 4, 5).

(3) Fälle, deren psychometrische Daten nur eine bedingte Eignung aufweisen, gleichzeitig aber sowohl in Arbeits- als auch Lebenskontext auf günstige Rahmenbedingungen zurückgreifen können (Fälle 3, 7, 9).

(4) Fälle, die in den psychometrischen Werten ebenfalls bedingte Voraussetzungen aufweisen, die arbeitsbezogenen Rahmenbedingungen jedoch als günstig zu werten sind. Beide Fälle (12, 13) bringen jedoch nur bedingt günstige Lebensumstände mit.

(5) Fälle, die sowohl in den psychometrischen Werten als auch in mindestens einem der Kontextfaktoren Arbeit und Privatleben ungünstige Voraussetzungen mitbringen (Fälle 6, 11, 14).

Konstellation 1 und 2

Sofern die Teilnehmerinnen günstige Personeneigenschaften mitbringen und es allein von den arbeitsbezogenen Rahmenbedingungen abhängt (vgl. Konstellation 1 und 2), ob sich Talente (weiter)entwickeln oder an das Unternehmen binden, ist in erster Linie der Arbeitgeber gefragt, geeignete Bedingungen zu schaffen, um vorhandene Potenziale zu nutzen. Hierfür sollten die Strategien bezüglich Personalentwicklungsmaßnahmen und Personalbindung überdacht und gegebenenfalls angepasst werden. Bei Teilnehmerin 2 (noch keine Führungskraft) und 10 (bereits Führungskraft) schlagen sich diese förderlichen Rahmenbedingungen bereits jetzt positiv nieder. Bei Teilnehmerinnen 1 (bereits Führungskraft), 4 (noch keine Führungskraft) und 5 (noch keine Führungskraft), zeigen sich hingegen Bestrebungen einer Umorientierung, die mit einem Weggang aus dem Unternehmen enden können.

Konstellation 3 und 4

Frauen, die – bezogen auf ihre Persönlichkeitseigenschaften – bedingt geeignet sind und sich gleichzeitig in einem günstigen Arbeitskontext befinden, werden mit unterschiedlichem Ressourcenaufwand umgehen müssen, um Herausforderungen in der Lebenssituation besser bewältigen zu können (vgl. Konstellation 3 und 4). Teilnehmerinnen 3 (bereits Führungskraft), 7 (keine Führungskraft) und 9 (keine Führungskraft), die in beiden Kontexten günstig aufgestellt sind, werden sich in erster Linie eigenverantwortlich über entsprechende Anpassungsleistungen in ihren Persönlichkeiten weiterentwickeln müssen. Neben dieser Herausforderung werden Teilnehmerinnen 12 (bereits Führungskraft) und 13 (bereits Führungskraft) wiederum zusätzlich Ressourcen für eine bessere Balance in der Lebenssituation aufbringen müssen. Der Ressourcenaufwand unter Konstellation 4 wird demnach größer sein als in den Konstellationen 1 bis 3. Diese ist insbesondere auf ein Überforderungserleben der betreffenden Frauen im Blick zu behalten.

Konstellation 5

Frauen, die als nicht geeignet einzustufen sind und die gleichzeitig ungünstige private Lebensbedingungen aufweisen (Fälle 6, 11 und 14) ist – trotz günstiger Arbeitsbedingungen bei Teilnehmerinnen 6 und 11 – von einer Führungslaufbahn eindeutig abzuraten. Der Ressourcenaufwand wäre zu hoch und eine Überforderung in der Führungsrolle absehbar.

5.3   Aufstiegskompetenzen – Ausgewählte Ergebnisse der Fallbearbeitungen

Im Rahmen der Aufstiegsqualifizierung hatten die Teilnehmerinnen die Möglichkeit, sich durch die Bearbeitung unterschiedlicher Fallbeispiele intensiv mit den Aufstiegskompetenzen Macht, Durchsetzungsfähigkeit, Mikropolitik und Abgrenzungsfähigkeit auseinanderzusetzen. Die erste Bearbeitungsrunde fand gleich im Auftaktworkshop (s.o.) statt, mit dem Ziel, implizite Einstellung und Haltungen der Teilnehmerinnen zu diesen Themen zu identifizieren. Die zweite Bearbeitung erfolgte im Abschlussworkshop (s.o.), also nach Durchlaufen von zwei Qualifizierungstagen und der Erprobung der individuellen Führungsprojekte in der Praxis. Das Analysepotenzial dieser zweiten Fallarbeit liegt in der Feststellung von Einstellungsänderungen der Teilnehmerinnen und der Bewusstwerdung dieser. Nachfolgend werden die Ergebnisse der ersten Bearbeitungsrunde ausführlich dargestellt. Die Fälle wurden von je einer Kleingruppe mit drei bzw. vier Frauen bearbeitet.

(1) Umgang mit Macht – Ergebnis der Kleingruppe 1 (N=4)

Im ersten Fallbeispiel lernten die Teilnehmerinnen Frau Fröhlich kennen, die zur Teamleiterin der „Demenzbetreuung" befördert wird. Gleich zu Beginn dieser Tätigkeit muss sie zwei ehemaligen Kolleginnen mitteilen, dass diese zukünftig nicht mehr in ihrem Team mitarbeiten können, sondern hierarchisch niedrigere Aufgaben wahrnehmen werden. Um den Fortschritt des Projektes voranzutreiben, implementiert sie einen vierteljährlichen jour fixe, in dem über Fortschritte und weitere Aufgaben gesprochen wird. Äußerlich hat sich Frau Fröhlich ebenfalls verändert und wirkt auf ihre ehemaligen Kolleginnen distanzierter.[28] Die Ergebnisse der individuellen Auseinandersetzung mit der Situation werden nachfolgend dargestellt.

Frage 1: Bitte versetzten Sie sich in die Situation von Frau Fröhlich. Was geht dabei in Ihnen vor?

Die Empfindungen der vier Teilnehmerinnen, die sich mit diesem Fall intensiv beschäftigt haben, reichen von Unsicherheit und der Angst, den Anforderungen nicht gerecht zu wer-

---

[28]   Der gesamte Fall ist nachzulesen in Kasten 2 im Anhang A2.1: Materialien des Auftaktworkshops.

den, bis hin zu einer ambitionierten Entschlossenheit, die eigenen Ideen zu verwirklichen. Sie fühlen sich einerseits geehrt, dass ihnen eine solche Aufgabe zugetraut wird und werten dies auch als Bestätigung ihrer Fachlichkeit. Andererseits wird die Aufgabe, zwei Personen zu degradieren, jedoch auch als sehr unangenehm empfunden. Dass ein solcher Rollenwechsel auch mit Akzeptanzproblemen im Team verbunden sein kann und dies ausgehalten werden muss, wird von einer Teilnehmerin explizit erwähnt.

Frage 2: Welche Spannungsfelder sehen Sie?

Von allen Teilnehmerinnen wird der Wechsel von der kollegialen Ebene zur Führungsebene als Spannungsfeld identifiziert. Sie sehen sich mit neuen Aufgaben konfrontiert, die im Team nicht immer auf Akzeptanz stoßen werden, wie beispielsweise Leistungsbeurteilungen, Entwicklungsgespräche oder das Durchsetzen von Vorgaben durch die Geschäftsleitung. Der eigene Erfolg und die Akzeptanz im Team treffen folglich aufeinander. Auch die Vereinbarkeit von Berufs- und Privatleben wird von den Teilnehmerinnen als Spannungsfeld genannt. Es sei wichtig, die Work-Life-Balance neu zu strukturieren sowie Persönliches und Berufliches zu trennen. Weiterhin wird der Neid der Kolleginnen und Kollegen als Themenfeld von den Teilnehmerinnen aufgegriffen.

Frage 3: Wie würden Sie mit diesen Spannungsfeldern umgehen?

Alle Teilnehmerinnen würden versuchen, das Team verstärkt in die Prozesse zu involvieren und das gemeinsame Ziel in den Vordergrund zu rücken. Aus Sicht der Teilnehmerinnen sollte zudem Transparenz geschaffen und eine offene Kommunikation gepflegt werden. Hierzu gehört auch, das eigene Wissen zu teilen, konstruktive Kritik zu üben und Lob auszusprechen. Aber auch die eigene Weiterbildung durch Führungscoachings wird als Möglichkeit gesehen, um mit den auftretenden Spannungsfeldern besser umzugehen.

Frage 4: Von welchen Faktoren hängt eine erfolgreiche Entwicklung von Frau Fröhlich in ihrer neuen Rolle aus Ihrer Sicht ab?

Während zwei Teilnehmerinnen vor allem die Zusammenarbeit mit den Teammitgliedern als Erfolgsfaktor werten (gemeinsames Ziel, „wir sitzen alle in einem Boot", Vertrauen, gute Kommunikation und Transparenz), sind aus Sicht der beiden anderen Frauen die Durchsetzungs- und Abgrenzungsfähigkeit von großer Relevanz. Es müsse darüber hinaus die Bereitschaft vorhanden sein, Verantwortung zu übernehmen und sich auch mal unbeliebt zu machen. Wichtig ist nach Ansicht dieser beiden Teilnehmerinnen zudem der Rückhalt der eigenen Vorgesetzten.

Zwischenfazit

Der Umgang mit dem Thema Macht ist innerhalb der Kleingruppe sehr heterogen. So ist eine Teilnehmerin sehr unsicher und wüsste nicht, ob sie sich einen solchen Schritt zutrauen würde, eine andere fühlt sich geehrt, da ihre Kompetenzen erkannt wurden und ist sich bewusst, dass sie die Unsicherheit einer mangelnden Akzeptanz im Team aushalten muss. Auch die genannten Lösungsstrategien zeigen diese Divergenz auf. Während einige Frauen sehr teamorientiert denken und die Mitarbeiter in alle Prozesse einbeziehen und mitentscheiden lassen würden, steht für andere Frauen im Vordergrund, sich abgrenzen zu können und eigene Ideen durchzusetzen.

(2) Durchsetzungsfähigkeit – Ergebnis der Kleingruppe 2 (N=4)

Frau Feld leitet seit einem halben Jahr den Bereich „Wohnen" in der Behindertenhilfe. Da sich ihrer Meinung nach die Arbeit mit den Angehörigen grundlegend verändern muss, schlägt sie vor, Angehörige als eigenständige Zielgruppe zu betrachten und sie stärker in die Abläufe zu involvieren. Ihre Erfahrungen aus früheren Tätigkeiten sowie die vorgebrachten sachlichen Argumente werden seitens des Kollegiums jedoch nicht anerkannt. Die erhoffte Unterstützung der Kollegen bleibt aus.[29] Die Ergebnisse der individuellen Auseinandersetzung mit der Situation werden nachfolgend dargestellt.

Frage 1: Bitte versetzten Sie sich in die Situation von Frau Feld. Was geht in der Auseinandersetzung mit den anderen Bereichsleitern in Ihnen vor?

In erster Linie äußern die Teilnehmerinnen ihr Unverständnis und ihren Ärger über die mangelnde Unterstützung, da die vorgebrachten Argumente stichhaltig seien. Interessant ist die Analyse möglicher Gründe für diese Haltung der Kollegen. Eine Teilnehmerin sucht „den Fehler" eher bei sich und fragt sich, ob es an ihr selbst, dem Konzept oder an der Art und Weise, wie sie dieses vermittelt hat, liegt. Sie internalisiert somit den Misserfolg in Form von Selbstzweifeln. Eine andere Teilnehmerin externalisiert diesen, indem sie sich überlegt, vor was genau die Kollegen Angst haben und ob sie eventuell bereits schlechte Erfahrungen mit Veränderungen machen mussten. Weiterhin wird die fehlende Aufbruchsstimmung bemängelt. Die Strukturen seien verkrustet und nur bewährte Vorgehensweisen würden akzeptiert. Die Abweisung der Kollegen weckt bei den Frauen jedoch auch ihren Ehrgeiz und führt zu einem Kampfgeist, die anderen von der eigenen Sache zu überzeugen.

Frage 2: Welche Spannungsfelder sehen Sie in diesem Prozess?

Als erstes Spannungsfeld wird die Grundhaltung gegenüber den Angehörigen genannt. Es fände kein Dialog auf Augenhöhe statt, da die Angehörigen eher als Bremser oder Unwis-

---

[29]   Der gesamte Fall ist nachzulesen in Kasten 3 im Anhang A2.1: Materialien des Auftaktworkshops.

sende wahrgenommen werden. Zudem sollten in der Einrichtung Standards in Bezug auf die Angehörigenarbeit formuliert werden. Als „Neuling" einen solchen Vorschlag gegen gewohnte Strukturen durchsetzen zu wollen, wird als weiteres Spannungsfeld identifiziert. Die Anerkennung der Kollegen müsste sich Frau Feld erst „verdienen", so eine der Teilnehmerinnen. Im Grunde geht es um die Konkurrenz zwischen den Bereichsleitern und der Frage, wer sich letztendlich durchsetzt.

Frage 3: Wie würden Sie mit diesen Spannungsfeldern umgehen?

Als Lösungsstrategien werden von den Teilnehmerinnen das Entwickeln und Pilotieren eines groben Konzepts, welches erste Erfolgserlebnisse aufzeigt, die Veranstaltung eines Informationstages mit externen Experten und die Initiierung einer Umfrage bei Angehörigen und Bewohnern zur Identifikation eines Mehrwerts der Angehörigenarbeit genannt. Eine Teilnehmerin setzt hingegen auf das offene Ansprechen der Konkurrenzsituation und das Finden einer gemeinsamen Lösung im Dialog (Einzelgespräch, Bereichsleitertreffen, …). Es sollten die bisherigen Standards in der Angehörigenarbeit systematisch aufgelistet und an einem gemeinsamen Verständnis gearbeitet werden. Auch der Besuch anderer Einrichtungen könne in diesem Zusammenhang hilfreich sein.

Frage 4: Von welchen Faktoren hängt es Ihrer Meinung nach ab, ob Frau Feld das angestrebte Projekt erfolgreich weiterverfolgen kann?

In erster Linie müssen die anderen Bereichsleiter von einem neuen Ansatz in der Angehörigenarbeit überzeugt sein und diesen auch mittragen. Hilfreich wäre hierzu das Aufzeigen von Positivbeispielen. Zudem muss der Konkurrenzkampf gelöst und das Thema der Angehörigenarbeit auf einer sachlichen Ebene diskutiert werden. Zudem darf der administrative Aufwand nicht zu groß werden.

Zwischenfazit

Interessant ist, dass das „Scheitern" des Vorhabens sowohl internalisiert als auch externalisiert wird, was den unterschiedlichen Umgang mit der Situation verdeutlicht. Auch die Herangehensweise, die anderen vom eigenen Vorhaben zu überzeugen, divergieren in dieser Kleingruppe stark. So würden die meisten Teilnehmerinnen eigeninitiativ Konzepte, Informationstage oder Umfragen gestalten und umsetzten, um den Nutzen der Angehörigenarbeit zu verdeutlichen. Allerdings gehen diese Aktionen mit einem nicht unerheblichen Zeitaufwand und dem Einsatz personeller Ressourcen einher. Ob die Teilnehmerinnen dies berücksichtigt haben, wird nicht ersichtlich. Nur eine Teilnehmerin setzt auf die systematische und damit strategische Herangehensweise, im Dialog mit den Kollegen die bisherigen Standards in der Angehörigenarbeit aufzulisten, um dann ein gemeinsames und von allen akzeptiertes Verständnis zu erarbeiten.

(3) Abgrenzungsfähigkeit – Ergebnis der Kleingruppe 3 (N=4)
Im Beispiel zur Abgrenzungsfähigkeit lernen die Teilnehmerinnen Frau Nos kennen, die als Mitarbeiterin in der Jugendhilfe als hilfsbereite Kollegin auch die ein oder andere Zusatzarbeit übernimmt. Trotz etlicher Überstunden und der Vernachlässigung ihrer Familie übernimmt sie auf Bitten ihres Vorgesetzten die Erstellung des Jahresabschlusses und unterstützt zudem einen Kollegen bei der Erstellung eines wichtigen Projektantrags. Trotz ihres außerordentlichen Engagements wird sie bei der Vergabe der Teamleiterstelle nicht berücksichtigt.[30] Die Ergebnisse der individuellen Auseinandersetzung mit der Situation werden nachfolgend dargestellt.

Frage 1: Bitte versetzten Sie sich in die Lage von Frau Nos. Was geht dabei in Ihnen vor?

In erster Linie empfinden die Teilnehmerinnen Frust und sind enttäuscht. Sie suchen die Ursachen teilweise in ihren Kompetenzen, sind verunsichert und vergleichen sich mit dem männlichen Kollegen („was hat der, das ich nicht habe"?). Zudem sind sie verärgert, da sie eigene, wichtige Termine vernachlässigt haben. Demotivation und die Überlegung, nur noch „Dienst nach Vorschrift" zu machen, klingen ebenfalls an. Erstaunlich ist, dass eine Frau zudem beschließt, sich zukünftig noch mehr zu engagieren, um ihren Vorgesetzten auf sich aufmerksam zu machen.

Frage 2: Welche Ursachen sind Ihrer Ansicht nach dafür verantwortlich, dass Frau Nos nicht befördert wurde?

Bei den Ursachen sind sich die Teilnehmerinnen einig. Sie erkennen, dass sich Frau Nos zu wenig abgrenzt und nicht nein sagen kann, obwohl sie bereits ihre Leistungsgrenze überschritten hat. Auch hat sie ihre Wünsche und Ziele ihrem Vorgesetzten gegenüber nicht deutlich geäußert. Der Kommentar einer Teilnehmerin fasst die Situation gut zusammen: „*Ein Pferd, das so viel zieht, würde ich als Vorgesetzte von einer Kutsche auch nicht ausspannen. Wer soll denn dann die viele Arbeit machen?"*

Frage 3: Wie würden Sie sich verhalten, wenn der Vorgesetzte mit dem Auftrag des Jahresabschlusses auf Sie zukäme?

Drei der vier Teilnehmerinnen geben an, dass sie die Arbeit – mit mehr oder weniger Widerstand – letztendlich auch übernommen hätten. So gibt eine Teilnehmerin an, dass sie sich gut mit der Dame aus dem Fallbeispiel identifizieren kann, zwei weitere würden ihrem Vor-

---

[30] Der gesamte Fall ist nachzulesen in Kasten 4 im Anhang A2.1: Materialien des Auftaktworkshops.

gesetzten zwar deutlich zu verstehen geben, dass sie bereits ausgelastet sind, aber dennoch nicht nein sagen. Nur eine Teilnehmerin würde ihrem Vorgesetzten verdeutlichen, dass diese unliebsame Arbeit generell auf sie abgeladen wird und sie sich ausgenutzt fühlt. Sie würde ihn daher bitten, diese Aufgabe an einen anderen Kollegen zu delegieren.

Frage 4: Welche alternativen Reaktionen auf den Arbeitsauftrag können Sie sich vorstellen?

Als alternative Reaktion wird von den meisten Frauen die Möglichkeit, die Aufgabe abzulehnen, gesehen. Sie schlagen vor, gemeinsam mit dem Vorgesetzen (und im Team) nach einer Lösung zu suchen. Dies könnte die Delegation der Aufgabe an einen anderen Kollegen oder eine Entlastung bei anderen Aufgaben sein, wenn sie den Jahresabschluss übernehmen. Auch eine Fristverlängerung wird in Betracht gezogen.

Zwischenfazit

Alle Teilnehmerinnen geben an, sich darüber zu ärgern, dass sie trotz ihres hohen Engagements nicht befördert werden. Sie empfinden dies als persönliche Kränkung und suchen den (Kompetenz-)mangel bei sich – internalisieren damit den Misserfolg. Diese Verärgerung und die Tatsache, dass sie die Ursachen für die Nicht-Beförderung klar benennen können, stehen im Gegensatz zu ihrer Haltung, ebenso zu handeln wie Frau Nos. Die Mehrheit der Teilnehmerinnen gibt an, die Aufgabe trotz bereits überschrittener Belastungsgrenze zu übernehmen. Es fällt ihnen offensichtlich sehr schwer, nein zu sagen und sich aktiv abzugrenzen. Die genannten alternativen Reaktionen lassen zudem darauf schließen, dass ihnen eine harmonische Aufgabenverteilung wichtig ist, da sie gemeinsam mit ihrem Vorgesetzten nach einer Lösung suchen würden.

(4) Mikropolitisches Handeln – Ergebnis der Kleingruppe 4 (N=3)

In diesem Fallbeispiel lernen die Teilnehmerinnen Frau Lenk kennen, die als erste Frau einen Vorstandsposten in der Einrichtung eingenommen hat. Sie wird als sehr strategisch handelnde Person beschrieben, die gezielt ihr Netzwerk aufbaut und in für sie wichtigen zusätzlichen Projekten mitwirkt. Frau Lenk ist sehr engagiert, zugleich verfolgt sie jedoch auch hartnäckig eigene Interessen, um ihre Projekte zielführend voranzutreiben. Sie kann für die Einrichtung gute Erfolge vorweisen.[31] Die Ergebnisse der individuellen Auseinandersetzung mit der Situation werden nachfolgend dargestellt.

---

[31] Der gesamte Fall ist nachzulesen in Kasten 5 im Anhang A2.1: Materialien des Auftaktworkshops.

Frage 1: Bitte stellen Sie sich vor, Sie würden den Aufstieg von Frau Lenk aus Ihrer derzeitigen Position mit beobachten: Was geht in Ihnen vor?

Die Empfindungen der Teilnehmerinnen gegenüber Frau Lenk sind ambivalent. Einerseits bewundern sie die Fähigkeit der gezielten Kontaktaufnahme und das strategische Vorgehen, andererseits widerspricht dieses Verhalten ihrem eigenen Gerechtigkeitsempfinden. So ist eine Teilnehmerin der Meinung, dass die Erfolge von Frau Lenk insofern eine Kehrseite hätten, als dass die Stellen, die sie für sich vereinnahmt, anderen nicht mehr zur Verfügung stünden. Eine andere Teilnehmerin beschreibt das Verhalten als egoistisch („geht über Leichen, nur auf sich selbst bedacht") und nichts dem Zufall überlassend. Auffällig ist, dass die Erfolge von Frau Lenk externalisiert werden („es scheint, sie ist zur richtigen Zeit am richtigen Ort"). Eine weitere Teilnehmerin empfindet die Beschreibungen im Fallbeispiel sehr negativ, da ihrer Meinung nach Hinterhalt und Eigennutz suggeriert werden und die Fachlichkeit in den Hintergrund tritt.

Frage 2: Von welchen kritischen Faktoren hing das Erreichen der Vorstandsposition Ihrer Ansicht nach ab?

Aus Sicht der meisten Teilnehmerinnen tragen das aktive und strategische Netzwerken von Frau Lenk sowie ihre mediale Präsenz zu ihrem Erfolg bei. Sie habe sich in einem wichtigen Feld einen Namen gemacht und für die Einrichtung Erfolge erzielt. Eine Teilnehmerin sieht den Aufstieg sehr kritisch und projiziert den Erfolg auf ihre Weiblichkeit („Hat sie mit den Reizen einer Frau gespielt?")

Frage 3: Wie beurteilen Sie persönlich das Verhalten von Frau Lenk?

Alle Teilnehmerinnen beurteilen Frau Lenk als strategisch agierende Frau, die ihre Ziele genau im Blick hat. Eben dieses Verhalten hinterlässt jedoch auch ein ungutes Gefühl. So schreibt eine Teilnehmerin: „…trotzdem bleibt für mich ein „Geschmäckle", dass sie Kontakte und Verhandlungen (Personal) für ihr persönliches Vorwärtskommen nutzt." Ihr Engagement wird mehr dem persönlichen Ziel der Machterreichung und -ausübung zugeschrieben als dem Ziel, die Projekte für den Verband zum Erfolg zu führen.

Zwischenfazit

Die Teilnehmerinnen erkennen die strategische Ausrichtung von Frau Lenk, bewerten diese jedoch überwiegend negativ. Das mikropolitische Handeln hinterlässt ein ungutes Gefühl bei den Frauen und steht im Gegensatz zu ihrem persönlichen Gerechtigkeitsempfinden. Die lässt vermuten, dass bei den Teilnehmerinnen eine ausgeprägte kooperative oder harmonische Grundhaltung vorherrscht, die es schwierig erscheinen lässt, strategisch und systematisch seine Ziele zu verfolgen. Da Handeln wird auf die persönlichen Ziele der Person projiziert und als egoistisches Verhalten aufgefasst. Die übergeordneten Ziele der Einrichtung scheinen hierbei in den Hintergrund zu treten. Auffällig ist zudem, dass in diesem Beispiel der Erfolg externalisiert und nicht den Kompetenzen von Frau Lenk zugeschrieben wird.

6   Schlussbetrachtung und Ausblick

Trotz des zunehmenden Mangels an qualifizierten Fach- und Führungskräften im sozialen Sektor stoßen leitungsinteressierte Frauen an Barrieren und Grenzen ihrer Karriereentwicklung (vgl. Waller-Kächele, 2013; Ochoa Fernandéz, Wiemer & Vomberg, 2013). Diese werden häufig durch die Notwendigkeit einer Vereinbarkeit von Karriere und Familie verstärkt. Neben der Führungsmotivation einer Kandidatin nehmen erlernbare personale, soziale und fachlich-methodische Aufstiegskompetenzen bei der Überwindung solcher Hürden eine Schlüsselfunktion ein. Zudem profitieren qualifizierte Frauen von Maßnahmen der Karriereplanung und des Coachings bei der Übernahme von Führungspositionen.

Hinweise darauf, dass eine spezifische Förderung weiblicher Nachwuchsführungskräfte als sinnvoll erachtet werden kann, liefert eine unter 30 Personalverantwortlichen durchgeführte Bedarfsanalyse (vgl. Kapitel 2). Aus dieser geht hervor, dass es den Einrichtungen an einer systematischen Personalentwicklung mangelt (vgl. auch Zieher, 2013; Schäfer & Loerbroks, 2013). Zwar erkennen die befragten Personalverantwortlichen gewisse Unterschiede zwischen männlichen und weiblichen (Nachwuchs-) Führungskräften, spezielle *Aufstiegsprogramme* zur Gewinnung und Förderung von Frauen sind jedoch in den befragten Unternehmen kaum vorhanden. Es ist daher davon auszugehen, dass für diese Gruppe eine Versorgungslücke besteht. Der in der vorliegenden Arbeit vorgestellte Pilot-Workshop versucht, diese Lücke explorativ zu füllen. Das Ziel der Qualifizierung besteht in der kritischen Auseinandersetzung mit der eigenen Bereitschaft, eine Führungsposition zu übernehmen sowie der persönlichen Erprobung in diesem Feld. Die Teilnehmerinnen haben darüber hinaus die Möglichkeit, von psychometrischen Testungen der Persönlichkeit und Führungsmotivation zu profitieren.

Die Inhalte der drei Workshops gruppieren sich um die Themen berufliche Biografie, persönliche Stärken und Schwächen, Übernahme einer Führungsrolle als Frau sowie dem gelingenden Umgang mit Macht, Mikropolitik, Kommunikation und Selbstpräsentation innerhalb der Organisation. Ein intensiver Austausch innerhalb der Gruppe ermöglicht Impulse zur Optimierung der „Work-Life-Integration" und ermutigt zu konkreten Karriereschritten. Während einer Praxisphase erproben sich Teilnehmerinnen mit und ohne Führungserfahrung in eigenen „Führungsprojekten" und reflektierten diese innerhalb persönlicher Coachings.

Aus den Evaluationen der Qualifizierungstage geht hervor, dass den Teilnehmerinnen das Angebot insgesamt zugesagt hat. Auffällig ist jedoch, dass die Bedeutung der Lerninhalte für die eigene berufliche Entwicklung mehrheitlich als mittelmäßig bewertet wurde. Um

© Springer Fachmedien Wiesbaden GmbH, ein Teil von Springer Nature 2015
E. M. Brüning und T. Ayan, *Quo vadis? – Leitungsinteressierte Frauen im Sozial-
und Gesundheitswesen*, Edition KWV, https://doi.org/10.1007/978-3-658-24714-9_6

eine hohe Praxisrelevanz der angebotenen Inhalte sicherzustellen, wurde im Vorfeld der Qualifizierung ein Vorabfragebogen[32] an die Teilnehmerinnen versendet, mit der Bitte, die für sie wichtigen Inhalte zu benennen. Obgleich diese Befragung die für die Teilnehmerinnen relevanten Themen aufzeigte, scheint der Praxisnutzen nicht in allen Fällen zufriedenstellend hergestellt worden zu sein. Zukünftig ist daher zu überlegen, explizit den Nutzen, also die Erwartungen, die die Teilnehmer an eine solche Schulung hegen, abzufragen. Hinzu kommt, dass es sich im vorliegenden Fall nicht um ein klassisches Führungskräftetraining, sondern um eine persönlichkeitsentwickelnde Maßnahme handelte. Es ist zu vermuten, dass dies nicht allen Teilnehmerinnen hinsichtlich der Konsequenzen in der Umsetzung der Inhalte bewusst war. Auch im Rahmen der angebotenen Übungen sollte der Transfer in die Praxis deutlicher herausgearbeitet werden. Beispielsweise durch Reflexionseinheiten, wie genau das Gelernte in den Arbeitsalltag eingebaut werden kann und an welchen Stellen es einen Nutzen stiftet oder Erleichterung schafft.

Im Vergleich zu den anderen Inhalten wurde der Themenblock zur Kommunikation von den Teilnehmerinnen am schlechtesten beurteilt. Es ist zwar davon auszugehen, dass ihnen das Modell von Schulz von Thun mehrheitlich bekannt war. Die Beobachtungen der Dozentinnen offenbaren jedoch Schwierigkeiten in der Anwendung und Interpretation. Um zukünftig zu vermeiden, dass die Bearbeitung von Inhalten als reine Wiederholung wahrgenommen wird – obwohl es sich nicht um eine Wissensvermittlung, sondern um die Anwendung und Umsetzung handelt – sollten im Vorfeld die unterschiedlichen Kompetenzstufen erläutert werden. So ist zu verdeutlichen, dass „Kennen" nicht bedeutet, etwas zu „verstehen" und „verstehen" nicht gleichzusetzen ist mit „anwenden können".

Die Auswertung der psychometrischen Tests zu Persönlichkeit und Führungsmotivation sowie die zusätzliche Erfassung relevanter Kontextfaktoren verdeutlicht, dass nicht alle Teilnehmerinnen eine uneingeschränkte Eignung zur Führungskraft aufweisen. Zudem können sowohl die arbeitsplatzbezogenen als auch privaten Rahmenbedingungen zusätzliche Barrieren im Aufstiegsprozess darstellen. Die Analyse der Fallbeispiele zu den Aufstiegskompetenzen Macht, Durchsetzungsfähigkeit, Abgrenzungsfähigkeit und mikropolitisches Handeln verdeutlicht darüber hinaus, dass einige Teilnehmerinnen mit diesen Themen Schwierigkeiten haben. So werden erzielte Erfolge eher externalisiert und auf „glückliche Umstände" bezogen und erlebte Misserfolge auf die eigenen, mangelnden Kompetenzen zurückgeführt. Sowohl die Ausübung von Macht als auch das strategische (mikropolitische) Handeln werden sehr kritisch gesehen. Aus Sicht der Teilnehmerinnen widerspricht ein solches Verhalten ihrem eigenen Gerechtigkeitsempfinden und zeugt eher von Egoismus denn von Teamfähigkeit. Diese Ergebnisse verdeutlichen die dringende Notwendigkeit, Frauen für diese Bereiche zu sensibilisieren und ihre Handlungskompetenzen auszubauen. Interessant wäre beispielsweise ein direkter Vergleich mit männlichen Kollegen und wie diese die vorgestellten Fallbeispiele beurteilen. Zudem wäre es interessant zu erfahren, wie Frauen diese Fallbeispiele beurteilen, wenn der Protagonist nicht weiblich, sondern männlich ist. Es

---

[32] Vgl. den Vorabfragebogen in Anhang A3: Fragebögen zur Workshopreihe.

stellt sich also die Frage, ob die genannten Zuschreibungen geschlechtsspezifisch sind. Um die Auswirkungen der Qualifizierung auf die Handlungskompetenzen und Einstellungen der Teilnehmerinnen zukünftig besser evaluieren zu können, sollten die Fallbeispiele für eine weitere Qualifizierungseinheit hinsichtlich eines direkten Vergleichs überarbeitet werden. Eine Vergrößerung der Datengrundlage je Fall (hier N=3 bzw. N=4) ist ebenfalls anzustreben. Denkbar ist, dass alle Teilnehmerinnen alle Fallbeispiele bearbeiten.

In der zweiten Förderphase des Projektes BEST WSG[33] (2015-2017) wird die in dieser Arbeit vorgestellte Qualifizierungsmaßnahme hinsichtlich einer möglichen ECTS-Relevanz weiterentwickelt und im Feld erprobt.

---

[33] Siehe die Projekthomepage: www.bestwsg-hdba.de

Literatur

Abele, A.E. & Spurk, D. (2009). The longitudinal impact of self-efficacy and career goals on objective and subjective career sucess. *Journal of Vocational Behavior, 74*, 53-62.

Abele, A.E., Volmer, J. & Spurk, D. (2012). Career Stagnation: Underlying Dilemmas and Solutions in Contemporary Work Environments. In N.P. Reilly, M.J. Sirgy & C.A. Allen (Hrsg.). *Work and Quality of Life: Ethical Practices in Organizations. International Handbooks of Quality-of-Life* (107-132). Springer Science + Business Media.

Alter, U. (2013). Schaffung wissensmäßiger und emotionaler Voraussetzungen für die Zusammenarbeit – Informieren als Führungsaufgabe. In T. Steiger & E. Lippmann (Hrsg.). *Handbuch Angewandte Psychologie für Führungskräfte – Band 2: Die Gestaltung von Rahmenbedingungen für die erfolgreiche Rollenübernahme der Mitarbeitenden* (4. Aufl.) (108-122). Berlin, Heidelberg: Springer.

Amelang, M. & Bartussek, D. (1997). *Differentielle Psychologie und Persönlichkeitsforschung.* Stuttgart: Verlag W. Kohlhammer.

Andrews, K. (1971). *The Concept of Corporate Strategy.* Homewood, IL: R.D. Irwin.

Bamberg, E., Iwers-Stelljes, T.A., Janneck, M., Mohr, G. & Rastetter, D. (2009). Aufstiegskompetenz von Frauen: Hindernisse und Förderung. In T.A. Iwers-Stelljes (Hrsg.). *Prävention - Intervention - Konfliktlösung* (70-84). Wiesbaden: VS Verlag für Sozialwissenschaften.

Berndt, C. (2013). *Resilienz. Das Geheimnis der psychischen Widerstandskraft.* dtv Taschenbuch.

Bettig, U. (2012). Aufgabendifferenzierung innerhalb der Pflegeprofession. In U. Bettig, M. Frommelt & R. Schmidt (Hrsg.). *Fachkräftemangel in der Pflege. Konzepte, Strategien, Lösungen* (81-91). Heidelberg: medhochzwei Verlag.

Borkenau, P. & Ostendorf, F. (2007). *NEO-FFI. NEO-Fünf-Faktoren-Inventar nach Costa und McCrae. Manual.* Göttingen: Hofgrefe.

Bundesministerium für Familie, Senioren Frauen und Jugend (BMFSFJ) (Hrsg.) (2010). Frauen in Führungspositionen. Barrieren und Brücken. Heidelberg: Sinus Sociovision. Zugriff am 21.11.2012 unter http://www.bmfsfj.de/BMFSFJ/Service/publikationen.html

Chan, K.-Y. & Drasgow, F. (2001). Toward a Theory of Individual Differences and Leadership: Understanding the Motivation to Lead. *Journal of Applied Psychology, 86*, 481-198.

Conference Board (2002). *Women in Leadership: A European Business Imperative.* Pennsylvania State University: Catalyst.

Costa, P.T. & McCrae, R.R. (1992). Revised NEO Personality Inventory (NEO-PI-R) and NEO Five-Factor Inventory (NEO-FFI) professional manual. Florida: Odessa.

Cumming, T. & Huse, E. (1989). *Organization development and change.* Minnesota: St. Paul West Pub.Co.

Deutsches Institut für Wirtschaftsforschung (2010). Führungspositionen: Frauen holen allmählich auf. *Wochenbericht des DIW Berlin, 45*, 2-13.

Döring, O., Rätzel, D., Seifert, M., Löffelmann, S. & Forster, U. (2007). *Handlungshilfen für Bildungsberater: Bildungsbedarfsanalyse.* Bielefeld: Bertelsmann-Verlag.

© Springer Fachmedien Wiesbaden GmbH, ein Teil von Springer Nature 2015
E. M. Brüning und T. Ayan, *Quo vadis? – Leitungsinteressierte Frauen im Sozial-
und Gesundheitswesen,* Edition KWV, https://doi.org/10.1007/978-3-658-24714-0

Eagly, A.H., Johannesen-Schmidt, C. & van Engen, M.L. (2003). Transformational, Transactional, and Laissez-Faire Leadership Styles: A Meta-Analysis Comparing Women and Men. *Psychological Bulletin, 4,* 569-591.

Elprana, G., Gatzka, M., Stiehl, S. & Felfe, J. (2012). Führungsmotivation: Eine Expertenperspektive zum Konstrukt und seiner Bedeutung. *Report Psychologie, 37,* 200-211.

Erpenbeck, J. & Rosenstiel, L. von (2007). *Handbuch Kompetenzmessung. Erkennen, verstehen und bewerten von Kompetenzen in der betrieblichen, pädagogischen und psychologischen Praxis.* Stuttgart: Schäffer-Poeschel.

Felfe, J. (2009). *Mitarbeiterführung. Praxis der Personalpsychologie.* Göttingen: Hogrefe.

Felfe, J., Elprana, G., Gatzka, M. & Stiehl, S. (2012). *FÜMO Hamburger Führungsmotivationsinventar.* Göttingen: Hogrefe.

Felfe, J. & Gatzka, M. (2013). Führungsmotivation. In W. Sarges (Hrsg.). *Management-Diagnostik* (308-315). Göttingen: Hogrefe.

Fiedler, F.E. (1967). *A Theory of Leadership Effectiveness.* McGraw-Hill: New York.

Flick, U. (1995). *Qualitative Forschung – Theorien, Methoden, Anwendung in Psychologie und Sozialwissenschaften* (5. Aufl.). Reinbek: Rowohlt.

Franken, S. (2010). *Verhaltensorientierte Führung. Handeln, Lernen und Diversity in Unternehmen* (3. Aufl.). Wiesbaden: Gabler.

Gießler, W. (2011). Qualifizierungsbedarfe im Gesundheitswesen – am Beispiel von zwei Projekten des ESF-Programms Initiative weiter bilden. Denk-doch-mal. *Onlinemagazin für Arbeit-Bildung-Gesellschaft 04/11*: Auf dem Weg in die Dienstleistungsgesellschaft? http://www.denk-doch-mal.de/node/424

Goldstein, I.L. (1974). *Training: Program Development and Evaluation.* Monterrey.

Goldstein, I.L. & Ford, K. (2002). *Training in Organizations. Needs Assessment, Development, and Evaluation* (4. Aufl.). Belmont: Wadsworth.

Gotsch, A., Keck, W. & Spencer, H. (2012). *Knowledge, Skills, and Attitudes (KSAs) for the Public Health Preparedness and Response Core Competency Model.* Centers for Disease Control and Prevention (CDC). Office of Public Health Preparedness and Response.

Graf, A. (2008). Lebenszyklusorientierte Personalentwicklung. Handlungsfelder und Maßnahmen. In: N. Thom & R. Zaugg (Hrsg.). *Moderne Personalentwicklung* (263-279). Wiesbaden: Springer Gabler Verlag.

Grimme, J. (2012). *Analyse karriereförderlicher Arbeitsbedingungen. Eine geschlechtstypische Betrachtung.* [Dissertation am Fachbereich Psychologie der Universität Hamburg. Betreuerinnen: E. Bamberg & M. Janneck].

Hall, D.T. (2002). *Careers In and Out of Organizations.* Thousand Oaks: SAGE Publications

Hersey, P. & Blanchard, K.H. (1988). Management of Organisational Behaviour (5. Aufl.). Englewood Cliffs.

Hersey, P., Blanchard, K. & Johnson, D. (1996). *Management of organizational Behavior. Utilizing human Resources.* (7. Aufl.). Prentice-Hall: New Jersey.

Hipp, B., Knapp, K. & Schreyer-Schubert, A. (2013). Fach- und Führungskräftevielfalt sichern. Familiengerechte Personalpolitik und Gleichstellung der Geschlechter. In D. Kaufmann & K. Knapp (Hrsg.). *Demografischer Wandel in der Sozialwirtschaft – Herausforderungen, Ansatzpunkte, Lösungsstrategien* (259-268). Stuttgart: Kohlhammer.

Hirschi, A. (2011). *Wirksames Karriere-Coaching: Ein Grundlagenmodell. Organisationsberatung, Supervision, Coaching, 3,* 301-315. Wiesbaden: VS Verlag für Sozialwissenschaften.

Hoff, E.H., Grote, S., Dettmer, S., Hohner, H.U. & Olos, L. (2005). Work-Life-Balance: Berufliche und Private Lebensgestaltung von Frauen und Männern in hoch qualifizierten Berufen. *Zeitschrift für Arbeits- und Organisationspsychologie, 49,* 196-207.

Judge, T.A., Ilies, R., Bono, J.E. & Gerhardt, M.W. (2002). Personality and Leadership: A Qualitative and Quantitative Review. *Journal of Applied Psychology, 4,* 765-780.

Kastner, M. (2010). Work Life Balance für Extremjobber. In S. Kaiser & M.J. Ringlstetter (Hrsg.). *Work – Life Balance. – Erfolgversprechende Konzepte und Instrumente für Extremjobber* (1-27). Heidelberg: Springer.

Kehr, H.M. & Bless, P. (1999). Bedeutung der Führungskräfte-Motivation. Ergebnisse einer Befragung von Personalmanagern. *Personal: Zeitschrift für Human Ressource Management, 51,* 571-575.

Kets de Vries, M. (2013). Am Wendepunkt. Ein Experten-Gespräch mit Manfred Kets de Vries über die Veränderungskraft von Coaching. *Organisationsentwicklung, 3,* 4-12.

Kohaut, S. & Möller, I. (2010). Frauen kommen auf den Chefetagen nicht voran. Führungspositionen in der Privatwirtschaft. *IAB-Kurzbericht, 6/2010.*

Kolodziej, D. (2011). Fachkräftemangel in Deutschland. Statistiken, Studien und Strategien. In Deutscher Bundestag (Hrsg.). *Infobrief, WD 6 – 3010-189/11.*

Krajewski, J., Seiler, K. & Schnieder, S. (2013). I did it my way- wie sich Erholungskompetenz messen lässt. *Wirtschaftspsychologie Aktuell, 4,* 13-16.

Künzli, B. (2012). SWOT-Analyse. Klassisches Instrument der Strategieentwicklung mit viel ungenutztem Potenzial. *Zeitschrift Führung + Organisation, 2,* 126-129.

Leimon, A., Moscovici, M. & Goodier, H. (2011). *Coaching women to lead.* New York: Routledge.

McClelland, D.C. & Boyatzis, R.E. (1982). Leadership Motive Pattern and Long-Term Success. *Management. Journal of Applied Psychology, 67,* 737-743.

McCrae, R.R. & Costa, P.T. (1987). Validation of the five-factor model of personality across instruments and observers. *Journal of Personality and Social Psychology, 52,* 81-90.

Mucha, A. & Rastetter, D. (2012). Macht und Gender. Nach Macht greifen – mit mikropolitischer Kompetenz! Bereitschaft weiblicher Nachwuchsführungskräfte zum Einsatz und Aufbau von Macht. Gruppendynamik und Organisationsberatung. *Zeitschrift für angewandte Sozialpsychologie, 43,* 173-188.

Nerdinger, F., Blickle, F. & Schaper, N. (2008). *Arbeits- und Organisationspsychologie.* Heidelberg: Springer.

Ochoa Fernández, E., Wiemer, A. & Vomberg, E. (2013). Frauen. Karrieren. Entwickeln – Aufstiegs-motivation und Aufstiegswahrscheinlichkeit von Frauen im Sozial- und

Gesundheitswesen. In E. Vomberg & A.M. Krewer (Hrsg.). *SO.CON – Mitteilungen aus Forschung und Entwicklung, 3*, 1-75.

Peiperl, M.A. & Baruch, Y. (1997). Back to the square zero: The postcorporate-career. *Organizational Dynamics, 25*, 7-22.

Petzold, H. (1993). *Integrative Therapie.* Paderborn: Junfermann.

Peus, C. & Welpe, I.M. (2011). Frauen in Führungspositionen. Was Unternehmen wissen sollten. *Organisationsentwicklung, 2,* 47-55.

Piccolo, R.F. & Judge, T.A. (2013). Die positiven und negativen Seiten von Eigenschaften bei Führungspersonen. In W. Sarges, (Hrsg.). *Management-Diagnostik* (427-443). Göttingen: Hogrefe Verlag & Co. KG.

Potter, M., Pistella, C., Fertman, C. & Dato, V. (2000). Needs Assessment and a Model Agenda for Training the Public Health Workforce. *American Journal of Public Health 90,* 1294-1296.

Prien, E., Goldstein, I. & Macey, W. (1987). Multidomain Job Analysis – Procedures And Applications. *Training And Development Journal 41,* 68-72.

Prien, K., Prien, E. & Wooten, W. (2003). Interrater reliability in job analysis: Differences in strategy and perspective. *Public Personnel Management 32,* 125-141.

Rosenstiel, L. v. (2009). Grundlagen der Führung. In L. von Rosenstiel, E. Regnet & M. Domsch: *Führung von Mitarbeitern. Handbuch für erfolgreiches Personalmanagement* (6. Aufl.) (2-27). Schäffer-Poeschel: Stuttgart.

Schäfer, M. & Loerbroks, K. (2013). Strategien zur Gewinnung und Bindung von Fachkräften im Sozial- und Gesundheitswesen. Ergebnisse einer Befragung zu Personalentwicklungskonzepten und zur Attraktivität des Arbeitsfeldes. In T. Ayan, (Hrsg.). *Einsteigen, Umsteigen, Aufsteigen. Personenbezogene und strukturelle Rahmenbedingungen für Berufe und Bildungschancen im Sozial- und Gesundheitssektor* (109-146). Köln: Kölner Wissenschaftsverlag.

Schiffinger, M. & Steyrer, J. (2004). Der K(r)ampf nach oben – Mikropolitik und Karriereerfolg in Unternehmen. *zfo, 3,* 136-143.

Schlippe, A. von & Schweitzer, J. (2013). *Lehrbuch der systemischen Therapie und Beratung I.* Göttingen: Vandenhoeck & Ruprecht.

Schmidt, A. & Gudat, K. (2013). Erfolgreiche Karriere – eine Frage der Motivpassung. *Wirtschaftspsychologie aktuell, 3,* 36-42.

Schmidt, R. (2012). Fachkraftentwicklung und professionelle Anforderungsprofile in Pflege und Begleitung. In U. Bettig, M. Frommelt & R. Schmidt (Hrsg.). *Fachkräftemangel in der Pflege. Konzepte, Strategien, Lösungen* (19-31). Heidelberg: medhochzwei Verlag.

Schmidt-Lellek, C.J. (2007). Ein heuristisches Modell zur Work-Life-Balance: Vier Dimensionen des Tätigseins. *Organisationsberatung, Supervision, Coaching, 14,* 29-40.

Schoenauer, H. & Horneber, M. (2011). Ethisch vertretbarer Technikeinsatz in der Sozial- und Gesundheitswirtschaft. In G. Rüter, P. Da-Cruz & P. Schwegel (Hrsg.). *Gesundheitsökonomie und Wirtschaftspolitik* (431-444). Stuttgart: Lucius & Lucius.

Schreyögg, A. (2010). *Coaching für die neu ernannte Führungskraft. Coaching und Supervision.* Wiesbaden: VS Verlag für Sozialwissenschaften.

Schulz-Nieswandt, F. (2007). *Behindertenhilfe im Wandel. Zwischen Europarecht, neuer Steuerung und Empowerment.* Wien: LIT-Verlag.

Schulz von Thun, v. Friedemann (2010): *Miteinander Reden 1. Störungen und Klärungen. Allgemeine Psychologie der Kommunikation* (48. Aufl.). Rowohlt Taschenbuch Verlag: Hamburg.

Sosa y Fink, S. (2013). Aufstiegsbedingungen weiblicher Führungskräfte unter besonderer Berücksichtigung des Gesundheits- und Sozialwesens. In T. Ayan (Hrsg.). *Einsteigen, Umsteigen, Aufsteigen: Personenbezogene und strukturelle Rahmenbedingungen für Berufe und Bildungschancen im Sozial- und Gesundheitssektor* (41-65). Köln: Kölner Wissenschaftsverlag.

Staehle, W. (1999). *Management* (8. Aufl.). München: Verlag Franz Vahlen.

Stock-Homburg, R. (2008). *Personalmanagement. Theorien – Konzepte – Instrumente.* Wiesbaden: Gabler.

Strunk, G. & Steyrer, J. (2005). Dem Tüchtigen ist die Welt nicht stumm. Es ist alles eine Frage der Persönlichkeit. In W. Mayrhofer, M. Meyer & J. Steyrer (Hrsg.). *Macht? Erfolg? Reich? Glücklich? Einflussfaktoren auf Karrieren* (51-77). Wien: Linde.

Vogler-Ludwig, K. & Düll, N. (2013). *Arbeitsmarkt 2030. Eine strategische Vorausschau auf Demografie, Beschäftigung und Bildung in Deutschland.* Bielefeld: Bertelsmann-Verlag.

Volmer, J. & Abele, A.E. (2013). Berufliche Laufbahnentwicklung. In W. Sarges (Hrsg.). *Managementdiagnostik* (508-513). Göttingen: Hogrefe Verlag & Co. KG.

Voskuijl, O. & van Sliedregt, T. (2002). Determinants of Interrater Reliability of Job Analysis: A Meta-analysis. *European Journal of Psychological Assessment 18*, 52-62.

Waller-Kächele, I. (2013). Auswirkungen des demografischen Wandels auf die Personalentwicklung in der Diakonie. In D. Kaufmann & K. Knapp (Hrsg.). *Demografischer Wandel in der Sozialwirtschaft – Herausforderungen, Ansatzpunkte, Lösungsstrategien* (24-37). Stuttgart: Kohlhammer.

Westhoff, K. & Koch, A. (2013). Erfassung der Anforderungen einer konkreten Position – am Beispiel eines praxistauglichen Erhebungsinstruments. In W. Sarges (Hrsg.). *Management-Diagnostik* (4. Aufl.) (184-191). Göttingen: Hogrefe.

Wingen, S. (2004). Anforderungs- und Kompetenzprofile erstellen und nutzen. Eine systematische Vorgehensweise in fünf Phasen. In H.-J. Gergs & S. Wingen (Hrsg.). *Qualifizierung für Beschäftigte in der Produktion. Praxishandbuch für Führungskräfte, Personalentwickler und Trainer.* Eschborn: RKW-Verlag.

Zieher, J. (2013). Experteneinschätzungen zur aktuellen Situation in den Bereichen Frühpädagogik und Pflege in Heidelberg. Ergebnisse einer explorativen Befragung. In T. Ayan, (Hrsg.). *Einsteigen. Umsteigen. Aufsteigen. Personenbezogene und strukturelle Rahmenbedingungen für Berufe und Bildungschancen im Sozial- und Gesundheitssektor* (69-107). Köln: Kölner Wissenschaftsverlag.

Anhang

A1: Programme der Workshopreihe

(1) Ablauf des Auftaktworkshops

Tab_A 1: Ablauf des Auftaktworkshops zur Aufstiegsqualifizierung.

Zeit	Programm Auftaktworkshop	Erläuterungen
09:30-10:45	Begrüßung und Vorstellung	Vorstellungsrunde mit Hilfe eines Symbol-Flipcharts
10:45-11:30	**I. Berufsbiografie**	• Einführung in die Arbeit mit der Berufsbiografie durch die Dozentinnen • Individualarbeit zur eigenen Berufsbiografie
12:00 – 12:45	Mittagspause	
12:45 – ca. 15:00	**II. Kompetenzportfolio**	• Einführung in das Kompetenzportfolio durch die Dozentinnen • Einzelarbeit an Fallbeispielen • Kleingruppendiskussion • Austausch im Plenum zu Fallbeispielen
15:00 – 15:15	Kaffeepause	
15:15 – 16:15	**III. Stärken-Schwächen-Analyse**	Partnerinterview
16:20 – 16:45	Info-Paket zum weiteren Verlauf der Aufstiegsqualifizierung	• Rückmeldung zu thematischen Schwerpunkten der Qualifizierung aus Vorabbefragung • Instruktion und Informationen zum Führungsprojekt • Instruktion „Selbstpräsentation" • Baustein „Work Life Integration" • Tandem-/Triadenbildung
16:45-16:55	Organisatorisches	• Klärung organisatorischer Fragen zur Trainingseinheit im Januar • Termine für Coaching-Gespräche
16:55-17:00	Evaluation	
17:00 Uhr	Abschluss und Verabschiedung	

© Springer Fachmedien Wiesbaden GmbH, ein Teil von Springer Nature 2015
E. M. Brüning und T. Ayan, *Quo vadis? – Leitungsinteressierte Frauen im Sozial-
und Gesundheitswesen*, Edition KWV, https://doi.org/10.1007/978-3-658-24714-0

(2) Ablauf der Qualifizierungstage

Tab_A 2: Ablauf des ersten Qualifizierungstags.

Zeit	Programm Qualifizierung 1	Erläuterungen
9:30 – 9:40	Ankommen und Begrüßung	
9:40 – 10:30	**I. Karrierephasen**	• Input zu den Karrierephasen • Diskussion in Gruppen über das Modell
10:30 – 10:40	Kaffeepause	
10:40 – 12:00	**II. SWOT-Analyse (Teil 1)**	• Darstellung des Arbeitsumfelds, in dem ich mich befinde • Vorstellung in der Triade
12:00 – 13.30	Mittagspause	
13:30 – 15:30	**III. SWOT-Analyse (Teil 2)**	• Reflexion der aktuellen Tätigkeit • Gegenüberstellung meiner Stärken und Schwächen • Welche Potenziale nutze ich derzeit nicht? • ***Reflexionsübung:*** *Welche Regeln gab es in meinem Herkunftssystem über Frauen und Berufstätigkeit (Austausch in der Triade)*
15:30 – 15:45	Kaffeepause	
15:45 – 16:30	**IV. Führungsprojekt**	• Gestaltung des eigenen Führungsprojekts • Gallery Walk
16:30	Abschluss und Verabschiedung	

Tab_A 3: Ablauf des zweiten Qualifizierungstags.

Zeit	Programm Qualifizierung 2	Erläuterungen
9:30 – 9:40	Ankommen und Begrüßung	
9:40 – 10:30	**I.Grundlagen der Führung**	• Führungsbegriff • Arten der Führung
10:30 – 10:40	Kaffeepause	
10:40 – 12:00	**II. Kommunikation & Konflikt (I)**	• Kommunikative Grundlagen (Selbstoffenbarung, Apell, Beziehungsebene, Sachebene) • Fallen in der Kommunikation • Rollenspiel
12:00 – 13.30	Mittagspause	
13:30 – 14:30	**III. Kommunikation & Konflikt (II):** **Das innere Team**	• Bewusstseinsübung zu Entscheidungen der beruflichen Entwicklung • Kommunikation und Rollen • Körperübung (Lockerung)
14:30 – 15:15	**IV. Auftreten und Selbstpräsentation**	• Kurzinput zu den Feedbackregeln • Selbstpräsentation • Feedbackrunde mit Tipps und Tricks
15:15 – 15:30	Kaffeepause	
15:30 – 15:50	Organisatorisches / Fragen	• Organisatorische Fragen • Vorbereitung Coaching
15:50 – 16:20	**V. Work-Life-Balance**	• Anschaulicher Kurzinput zur Integration von Berufs- und Privatleben • Merkmale von Wohlergehen • Stressrezept und Kalender
16:20 – 16:30	Evaluation der Qualifizierungstage	
16:30	Abschluss der Veranstaltung	

(3) Ablauf des Abschlussworkshops

Tab_A 4: Ablauf des Abschlussworkshops – Tag 1.

Zeit	Programm Abschlussworkshop 1	Erläuterungen
9:30 – 9:40	Ankommen und Begrüßung	• Vorstellung der Agenda
9:40 – 11:00	**I. Führungsprojekt**	• World-Café mit Diskussion Ihrer Erfahrungen
11.00-11.15	Pause	
11.15– 12:00	Sammlung der Ergebnisse	• Grenzerfahrungen, Stolpersteine • Lösungen und Erfolgserlebnisse • Fazit und Resümee aus den Projekten
12:00 – 12.45	*Mittagspause*	*(Kantine)*
13:00– 15:00	**II. Laufbahnplanung**	• Blick auf die vier Felder der Aufstiegskompetenz • Abschluss der SWOT-Analyse (Partner - interview und Triade)
15:00 – 15:15	Kaffeepause	
15:15– 16:30		• Ihre Karrierestrategie: Konkrete Schritte
16:30	Abschluss und Verabschiedung	Ausblick auf Tag 2

Tab_A 5: Programm des Abschlussworkshops – Tag 2.

Zeit	Programm Abschlussworkshop 2	Erläuterungen
9:30 – 9:40	Ankommen und Begrüßung	• Einstimmen in den Tag
9:40 – 10:40	**I. Work-Life Balance**	• Impuls mit Diskussion
10.40-10.55	Pause	
11.00– 12:30	**II. Fallbearbeitung I**	• Einzelbearbeitung und Gruppenphase
12:30 – 13.00	*Mittagsimbiss*	*(Seminarraum)*
13:00– 14.30	**III. Fallbearbeitung II**	• Auswertung und Diskussion im Plenum
14:30	**IV. Evaluation**	• Ausfüllen des Feedbackbogens • Würdigung
14:50-15:00	Abschluss und Verabschiedung	

A2: Materialien der Workshopreihe

A2.1: Materialien des Auftaktworkshops

(1) Fallbeispiel zum Kompetenzfeld „Macht"

Kasten 2: Fallbeispiel Macht.

Teamleiterin Frau Fröhlich führt Mitarbeitergespräche
Das Demenzprojekt in der Altenpflegeeinrichtung ist nicht nach den Erwartungen der Initiator/innen verlaufen. Verbandsleitung, Einrichtungsleitung sowie Pflegedienstleitung sehen sich mit unbefriedigenden Evaluationsergebnissen konfrontiert und der geplante Ausbau der Tagespflege für Menschen mit Demenz ist dadurch fraglich geworden. Offenbar ist es in der Dokumentation der Evaluation nicht gelungen, den Erfolg der bisherigen Bemühungen abzubilden und dadurch weitere Fördergelder für das Projekt zu erhalten. Dies ist insbesondere nachteilig, da sich das Haus mit einer Neukonzeption der Demenzbetreuung profilieren und dadurch Wettbewerbsvorteile erzielen wollte. Die Leitung des Vorhabens soll nun aus der Hausleitung ausgegliedert und an eine neu zu benennende Projektleitung abgegeben werden.
Im bisherigen Projektteam hat auch Frau Fröhlich mitgearbeitet. Sie zeichnet sich durch ihre hohe Fachlichkeit und ihr positives Verhältnis zu den Bewohnerinnen und Bewohnern aus, was auch die Angehörigen zu schätzen wissen. Die Hausleitung würdigt ihr überdurchschnittliches Engagement und befördert Frau Fröhlich aus ihrem Team heraus zur Teamleiterin „Demenzbetreuung". Diese Entscheidung trifft sie unvorbereitet. Doch nach ein paar Tagen Bedenkzeit nimmt sie die neue Position und den Auftrag, das Demenzprojekt inhaltlich und personell umzustrukturieren, an. Zu ihren ersten Aufgaben als neue Führungskraft gehört, mit ihrem Team Entwicklungsgespräche zu führen. Fokus der Gespräche ist eine persönliche Leistungsbeurteilung und Zielsetzung der Teammitglieder. In den Fällen der Kolleginnen Bertelt und Köhler bedeutet dies unangenehmer Weise, ihnen mitteilen zu müssen, dass sie nicht mehr weiter in dem Projekt tätig sein können und zukünftig hauswirtschaftliche Aufgaben übernehmen werden, was mit der Einstufung in eine niedrigere Tarifstufe verbunden sein wird.
Frau Fröhlich trifft man nun mit neuer Frisur an und kann beobachten, wie sie mit der Hausleitung lachend Smalltalk führt oder in der Verwaltung Anweisungen gibt. Ihre Termine koordiniert sie nun elektronisch mit einem Iphone. Sie geht die Mitarbeitergespräche systematisch an und spart dabei nicht an Kritik an dem bisherigen Vorgehen des Teams bei der Umsetzung und Dokumentation der einzelnen Schritte. Ihre Zeitplanungen finden die Mitarbeiter ambitioniert. Auf manche wirkt sie seit Übernahme der Projektleitung kühler und distanzierter im Umgang mit den Kollegen. Neu ist der „Jour fixe", der einmal im Quartal stattfindet, und an dem alle Teammitglieder über Fortschritte bei ihren Aufgaben berichten. Diese Treffen nutzt Frau Fröhlich, um wichtige Entscheidungen herbeizuführen und ihre Ziele mit Bestimmtheit dem Team näher zu bringen. Das Projekt schreitet voran.

Reflexionsfragen zur Individualarbeit:

- Bitte versetzten Sie sich in die Situation von Frau Fröhlich. Was geht dabei in Ihnen vor?
- Welche Spannungsfelder sehen Sie?
- Wie würden Sie mit diesen Spannungsfeldern umgehen?
- Von welchen Faktoren hängt eine erfolgreiche Entwicklung von Frau Fröhlich in ihrer neuen Rolle aus Ihrer Sicht ab?

(2) Fallbeispiel zum Kompetenzfeld „Durchsetzungsfähigkeit"

Kasten 3: Fallbeispiel Durchsetzungsfähigkeit.

Bereichsleiterin Frau Feld und die Angehörigenarbeit

Frau Feld leitet ist seit einem halben Jahr den Bereich „Wohnen" in der Behindertenhilfe. In diesem Bereich stellt nicht nur die Arbeit mit den Menschen mit Behinderung, sondern ebenfalls die Arbeit mit deren Angehörigen ein wichtiges Aufgabenfeld von Frau Feld dar. Immer wieder muss sie in ihrer Arbeit mit den Angehörigen feststellen, dass diese nicht in wichtige Entscheidungen (z. B Therapiepläne) eingebunden sind oder gar über diese informiert werden. Auch zeigte sich nach mehreren Gesprächen mit Angehörigen, dass sie immer wieder allgemeine Informationen über die Einrichtung selbst (z. B. Angebote für die Bewohner, Philosophie und Leitbild) und auch die alltägliche Arbeit mit den Angehörigen erläutern musste. Für Frau Feld steht nun fest, dass sich in der Angehörigenarbeit grundlegend etwas ändern muss.

Sie schlägt ihren Kollegen daher im nächsten Bereichsleitertreffen vor, die Arbeit mit den Angehörigen verstärkt in den Fokus zu nehmen. Angehörige müssen ihrer Meinung nach als eine eigenständige Zielgruppe angesehen werden und die Arbeit mit ihnen soll institutionell fest verankert werden. Zudem möchte sie die Angehörigen mehr in die pädagogische Arbeit mit den Bewohnern integrieren und frühzeitig über wichtige Aktivitäten informieren. Ihr Vorschlag trifft bei ihren Kollegen jedoch nicht auf die gewünschte Akzeptanz und Offenheit: Diese argumentieren, dass Angehörige keine Ahnung hätten, wie mit den Behinderten innerhalb der Einrichtung umzugehen sei, ähnliche Projekte bereits früher angestoßen wurden, ohne den erhofften Erfolg zu erzielen und keine Personalressourcen für eine intensive Zusammenarbeit mit den Angehörigen vorhanden seien.

In ihrer vorherigen Tätigkeit in einer anderen Einrichtung hat Frau Feld jedoch bereits gute Erfahrungen mit einer „institutionalisierten" Arbeit mit Angehörigen sammeln können, die sie ihren Kollegen ausführlich darlegt. Sie erläutert ihnen anhand neuster wissenschaftlicher Erkenntnisse, dass sich eine Zusammenarbeit mit den Angehörigen positiv auf das Wohlbefinden der Bewohner auswirke. Zudem entspräche ein Nicht-Einbeziehen der Angehörigen nicht mehr dem heutigen Zeitgeist und senke die Attraktivität der Einrichtung in der Außendarstellung. Die erhoffte Unterstützung bleibt jedoch aus. Vielmehr muss sich Frau Feld vielen kritischen Detailfragen stellen und erfahren, dass sie von ihren Kollegen in dieser Sache scheinbar Gegenwind erfährt. Das Projekt ist ihr jedoch ein sehr wichtiges Anliegen, das sie mit ihrer derzeitigen Funktion als Bereichsleiterin auch gut umsetzen könnte.

(3) Fallbeispiel zum Kompetenzfeld „Abgrenzungsfähigkeit"

Kasten 4: Fallbeispiel Abgrenzungsfähigkeit.

Frau Nos – Mitarbeiterin der Jugendhilfe

Frau Nos ist seit sieben Jahren als Mitarbeiterin im Bereich der Jugendhilfe tätig. Sie ist eine sehr hilfsbereite Kollegin, die ihre Aufgaben stets zuverlässig und akkurat erledigt. Gerade in der Vorweihnachtszeit nimmt sie wieder viele Außentermine in Tagespflegeeinrichtungen und den ihr anvertrauten Familien wahr, die sie tatkräftig u. a. in Erziehungsfragen unterstützt. Wie in jedem Jahr, steht auch in diesem der unbeliebte Jahresabschluss an. Frau Nos hatte sich bereits in den letzten beiden Jahren bereit erklärt, bei der Erstellung des Jahresabschlusses zu helfen und hofft, dass der Kelch in diesem Jahr an ihr vorbeizieht. Da ein Kollege jedoch krankheitsbedingt ausfällt und sich niemand finden lässt, der den Jahresabschluss erstellen möchte, bittet ihr Vorgesetzter sie darum, diese Aufgabe zu erledigen. Obwohl Frau Nos mit ihrer normalen Arbeit bereits vollkommen ausgelastet ist, übernimmt sie diese Zusatzaufgabe. Sie möchte ihren Chef nicht enttäuschen und erhofft sich insgeheim, durch die Übernahme dieser unliebsamen Aufgabe, ihre Chancen auf die lang ersehnte Teamleiterstelle zu steigern. Um den Jahresabschluss fristgemäß abzuschließen und die ihr anvertrauten Kinder und Familien nicht zu vernachlässigen, macht Frau Nos bereits seit zwei Wochen Überstunden. Mit ihrem Mann hat sie einen engen Zeitplan erstellt, um auch ihren familiären Pflichten nachkommen zu können und Zeit mit ihren beiden kleinen Kindern zu haben.

Kurz vor Weihnachten erbittet ein Kollege ihre Unterstützung bei der Erstellung eines wichtigen Projektantrags. Er möchte gerne Ihre Expertise zu einigen strategischen Fragen einholen und schlägt ein Treffen am kommenden Freitagnachmittag vor. Frau Nos hat an diesem Tag jedoch bereits wichtige Erledigungen eingeplant. Auf sein Drängen, der Projektantrag sei für die gesamte Abteilung sehr wichtig, verschiebt Frau Nos letztendlich die für sie wichtigen Termine und unterstützt ihren Kollegen bei der Antragstellung.

Im März des Folgejahres stehen die jährlichen Mitarbeitergespräche an, in denen Frau Nos für ihre sehr gute Arbeit gelobt wird. Sie habe sich überdurchschnittlich eingebracht und sich blendend um die ihr anvertrauten Familien und Kinder gekümmert. Die ersehnte Teamleiterstelle erhält jedoch ihr männlicher Kollege.

Reflexionsfragen zur Individualarbeit:

- Bitte versetzten Sie sich in die Lage von Frau Nos. Was geht dabei in Ihnen vor?
- Welche Ursachen sind Ihrer Ansicht nach dafür verantwortlich, dass Frau Nos nicht befördert wurde?
- Wie würden Sie sich verhalten, wenn der Vorgesetzte mit dem Auftrag des Jahresabschlusses auf Sie zukäme?
- Welche alternativen Reaktionen auf den Arbeitsauftrag können Sie sich noch vorstellen?

(4) Fallbeispiel zum Kompetenzfeld „Mikropolitik"

Kasten 5: Fallbeispiel Mikropolitisches Handeln.

Frau Lenk wird Vorstandsmitglied
Frau Lenk hat als erste Frau eine Position im Vorstand der Diakonie eingenommen. Nach ihrem Schulabschluss verbrachte sie ihr Freiwilliges Soziales Jahr in unterschiedlichen Einrichtungen, hospitierte und studierte anschließend Sozialmanagement. Sie wurde nach dem Abschluss direkt übernommen. Bald darauf war sie mit wichtigen Persönlichkeiten innerhalb und außerhalb des Verbands bekannt und wurde früh zu Veranstaltungen und Feierlichkeiten eingeladen. Neben ihrem eigentlichen Aufgabengebiet der Öffentlichkeitsarbeit brachte sie sich in zusätzliche Projekte ein und arbeitete dadurch mit zahlreichen Referatsleitern zusammen, mit denen sie schnell „per Du" war. In ihrer Garderobe hebt sie sich von Anfang an von Kolleginnen und Kollegen ab. Über ihre Zusatzaufgaben und ihr breites Engagement verschaffte sich Frau Lenk einen Namen und wird gleichermaßen geschätzt und gefürchtet: So kann sie Mitarbeitende sehr gut unter Druck setzten, um zu den besten zu gehören, oder sich hitzigen Rededuellen stellen und dabei sehr gut überzeugen. Gerade bei Personalverhandlungen ist sie bekannt dafür, sich hartnäckig zusätzliche Stellen und Ressourcen zu verschaffen, die sie in ihrem Arbeitspensum entlasten. Unter denen, die sie persönlich kennen, ist ihr Ruf zweigeteilt, da sie gezielt mit Personen zusammen arbeitet, die ihr später noch nützlich sein können (so pflegt sie besonders systematisch Beziehungen zu Mitgliedern des Personalrats). Dadurch hat sie für den Verband schon außergewöhnliche Erfolge zustande gebracht, wie die Werbekampagne „Herzwerker", die bundesweit Berufe des Sozial- und Gesundheitswesens bewirbt. Inzwischen leitet Frau Lenk seit sechs Jahren das Referat „Fundraising". In dieser Zeit gelang es ihr unter anderem, bedeutsame Summen für den Aufbau der neuen Suchtpräventionseinrichtung für gefährdete Jugendliche zu akquirieren und in den Medien zu positionieren. Außerdem intensivierte sie die Kontakte zum Stiftungsrat und zu einzelnen Vorstandsmitgliedern.

Nach ihrem Ruf in den Vorstand äußert sie in einem der Interviews, die mit ihr geführt werden, ihr wichtigstes Ziel sei, unter ihrer Schirmherrschaft den Finanzhaushalt des Verbands zu konsolidieren und den großen Bestand an ungenutzten Immobilien abzubauen. |

Reflexionsfragen zur Individualarbeit:
• Bitte stellen sie sich vor, Sie würden den Aufstieg von Frau Lenk aus Ihrer derzeitigen Position mit beobachten: Was geht in Ihnen vor? • Von welchen kritischen Faktoren hing das Erreichen der Vorstandsposition Ihrer Ansicht nach ab? • Wie beurteilen Sie persönlich das Verhalten von Frau Lenk?

A2.2: Materialien der Trainingstage

(1) Exemplarisches Fallbeispiel zur SWOT-Analyse

Kasten 6: Fallbeispiel zur Darstellung des eigenen beruflichen Systems.

Die Regeln zur Darstellung eines Systems:
• das bin ich (Symbol)   • das ist mein Team (Symbol)   • so ist meine Abteilung (Symbole)   • diese Abteilungen gibt es außerdem noch (Symbole)   • das ist unsere gesamte Einrichtung (Zeichnung); sie zeichnet sich insbesondere aus durch…   • in unserem direkten Umfeld gibt es folgende andere Einrichtungen, mit denen wir in Verbindung stehen(Symbole)

Fallbeispiel Frau Hagen – Leiterin einer Einrichtung der Behindertenhilfe
Frau Hagen ist Heilpädagogin. Seit Abschluss ihrer Ausbildung arbeitet sie in der gGmbH, die nachfolgend mit den Feldern Jugendhilfe, Altenhilfe und Behindertenhilfe abgebildet ist. Sie leitet die Einheit „Behindertenhilfe wohnen" und arbeitet mit mehreren Teamleiterinnen zusammen, die die gemischten Teams (Mitarbeiter unterschiedlichster Qualifikation)der Einrichtung führen. In ihrer Aufgabe ist sie aufgeblüht und hat die Fusion im Jahr 2010, in der die zwei großen Einrichtungen der Altenhilfe in den Verband hinzukamen, erfolgreich mit begleitet. Diese Fusion hat die Struktur der Organisation erweitert, neue Mitarbeitende kamen hinzu. Einerseits ist Frau Hagen ihrer jetzigen Position positiv verbunden, andererseits reizt es sie, neue Aufgaben zu übernehmen und weitere Erfahrungen zu sammeln. Das berufsbegleitende Studium zum Master Pflegepädagogik wird sie voraussichtlich nächstes Frühjahr abschließen.   **Die Einrichtung hat zwei neue Großprojekte aufgelegt:**   (1) Der Neubau für ältere, multimorbid erkrankte Menschen mit Behinderung ist fertig gestellt und bezogen. Das Gebäude und der therapeutische Ansatz sind innovativ und bisher einzig in dieser Form.   (2) In der 30 Km entfernten Stadt werden Außenwohngruppen eingerichtet. Die Immobilien wurden bereits erworben und die Renovierungsarbeiten haben begonnen. Der pädagogische Ansatz und die Personalplanung sind noch in Arbeit.

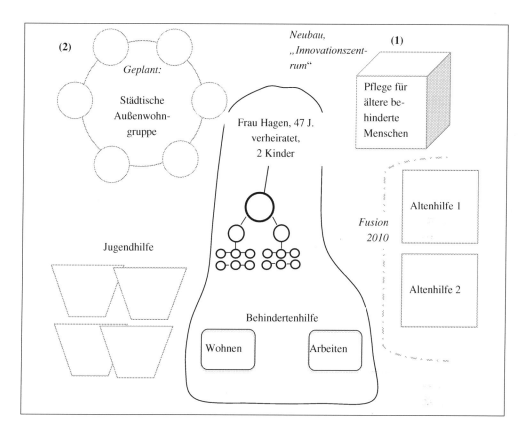

Kasten 7: Fallbeispiel Frau Hagen – Stärken und Schwächen.

Fallbeispiel Frau Hagen – Stärken und Schwächen
Stärken
• Offenheit, Kommunikationsstärke
• Ausgeglichenheit
• Kann begeistern und motivieren
• Empathiefähigkeit
• Fachliches Know-How im Bereich BWL/ Personal
Verbesserungspotenzial
• Öffentlichkeitsarbeit, Netzwerken
Schwächen
• Konfliktfähigkeit
• Anwendung neuster Technologien

(2) Materialen zum Thema „Führung"

Kasten 8: Führungsbegriff.

Führungsbegriff

Führung ist eine zielbezogene Einflussnahme

- als Gruppenphänomen
- mit asymmetrischen Beziehungen
- in Form eines komplexen sozialen Prozesses

Die Geführten sollen dazu bewegt werden, bestimmte Ziele (die sich meist aus den Unternehmenszielen ableiten) zu erreichen (vgl. Rosenstiel, 2009, S. 3).

Führung durch Strukturen

- Zielbezogene Beeinflussung des Verhaltens ohne personale Beteiligung
- Aktivitäten werden durch Strukturen gesteuert

Führung durch Menschen

„Am Führenden wird es meist liegen, ob trotz der bzw. mit den Vorschriften flexibel und kreativ gearbeitet oder „Dienst nach Vorschrift" ausgeübt wird." (Rosenstiel, 2009, S. 3 f.)

Kasten 9: Führungsstile.

Führungsstile

(1) Führungsstile nach Lewin (vgl. Franken, 2010)

Autoritäre (hierarchische) Führung

Der Vorgesetzte erteilt Anweisungen, ohne seine Mitarbeiter in die Entscheidung einzubeziehen. Erwartet wird Gehorsam. Kritik wird bestraft.

Demokratische (kooperative) Führung

Der Vorgesetzte bezieht seine Mitarbeiter in das Betriebsgeschehen ein. Erwartet wird sachliche Unterstützung. Bei Fehlern erfolgt Unterstützung.

Laissez-faire-Führung

Der Vorgesetzte lässt seinen Mitarbeitern Freiräume in Organisation und Inhalten ihrer Aufgaben. Informationen fließen zufällig. Der Vorgesetzte greift nicht ein, hilft und bestraft nicht. Unter den Mitarbeitern bilden sich informelle Gruppen. Außenseiter werden benachteiligt.

(2) Situative Führung – Kontingenztheorie nach Fiedler

Kernaussagen:

- Es gibt nicht den einen, besten Führungsstil
- Führungserfolg wird beeinflusst von
    - der Person des Führenden (z. B. Durchsetzungsfähigkeit, Intelligenz)
    - der Situation (z. B. Arbeitsbedingungen, Werte, Teammitglieder)
    - dem Führungsverhalten (z. B. Interaktion in der Situation, Tendenz zu Leistungs- oder Mitarbeiterorientierung)

(3) Materialien zur Selbstpräsentation

Kasten 10: Handout zu den Feedback-Regeln.

Feedback-Regeln

Feedback GEBEN
 	
• Ich-Botschaften:
    o beschreibend
    o konkret
• angemessen, einladend
• brauchbar, verhaltensbezogen
• erwünscht
• sofort und situativ
• klar und genau
• durch Dritte überprüfbar
 	
Feedback NEHMEN
• zuhören
• verstehen wollen
• nicht verteidigen
• keine Rechtfertigungen
• zuerst Gefühle klären, die ausgelöst werden
• sachlichen Inhalt klären

Tipps & Tricks bei der Selbstpräsentation

1. Stabiler Stand in Schulterbreite

- mittiger Stand auf beiden Beinen, Füße zeigen nach vorne
- auch zwischen ruhigen Schrittkombinationen immer wieder stabil stehen

Häufige Fehler:
- Auf Dauer nur einseitig stehen
- Häufiger Standbeinwechsel
- Füße zur Seite abgewinkelt
- Fuß kippelt, wippt oder „bremst"

2. Hände in Bauchnabelhöhe halten

3. Freie Gestik mit den Armen wirkt souverän

- Gestik soll oberhalb der Gürtellinie stattfinden
- Ellenbogen dabei vom Körper lösen

Häufige Fehler:
Unterarme an den Körper „genagelt", Gestik erfolgt nur aus dem Unterarm

4. Oberkörper immer in Richtung Publikum

- Oberkörper bleibt immer auf die Mitte des Publikums gerichtet, nur der Kopf dreht sich
- auch beim Zeigen nicht umdrehen, sondern rückwärtsgehen

Häufige Fehler:
- Drehen zum Flipchart hin und einseitiger Blickkontakt
- Drehen und Sprechen zur Projektionswand

5. Echtes Lächeln erzeugt Sympathie

6. Blickkontakt: „Scannen" garantiert Aufmerksamkeit

- Reihe der Zuschauer durchgehen und bei jedem einen Augenblick verweilen, Reihenfolge variieren
- Bei wichtigen Aussagen/Kernsätzen direkt ins Publikum schauen

Häufige Fehler:
- Einzelne Zuhörer oder eine ganze Raumseite werden vernachlässigt
- Blickkontakt huscht vorbei, ist nicht markant genug

7. Nutzen von Verständnis- und Wirkungspausen

A2.3: Materialien der zweiten Praxisphase

Führungstagebuch

**Dokumentation des „Führungsprojekts" im Rahmen der
Aufstiegsqualifizierung
Oktober 2013 - September 2014**

Liebe Teilnehmerin,

die folgenden Fragen leiten Sie durch die „Praxisphase" der Aufstiegsqualifizierung. Sie dient der eigenen praktischen Erprobung in der Anwendung der Inhalte unserer Workshops und laden zur Reflexion gesammelter Erfahrungen ein. Im Coaching möchten wir mit Ihnen darüber systematisch in Austausch treten.

Vorbereitende Fragen

1. Welches Anliegen verfolgt Ihr Projekt?

2. An welchen Orten findet es statt?

3. Welcher Personenkreis wird involviert sein?

4. Bitte beschreiben Sie die Situation(en), wie Sie sie derzeit wahrnehmen. Welche Aspekte daraus erscheinen Ihnen veränderungsbedürftig?

5. Welche Schritte werden zur Verfolgung dieser Anliegen notwendig sein?

6. Welche Entscheidungsträger sind außer Ihnen für das Gelingen der Erprobungsphase maßgeblich?

7. Was sollte sich während der Erprobung verändern? Woran werden Sie merken, dass dies gelungen ist?

```
```

8. Mit welchen Herausforderungen rechnen Sie in der Umsetzung?

```
```

9. Von wem wünschen Sie sich Unterstützung? Welcher Art?

```
```

10. Welche „Meilensteine" oder Zwischenschritte planen Sie bis Ende des Jahres? (Siehe nächste Seite)

Meilensteinplan

Bitte tragen Sie hier ein, in welchen Zeitfenstern welche Schritte zur Erreichung Ihres Projektziels vorgesehen sind. An welcher Stelle müssen Zeitpuffer eingebaut werden?

1. Quartal			2. Quartal			3. Quartal			4. Quartal		
Jan 14	Feb 14	Mrz 14	Apr 14	Mai 14	Jun 14	Jul 14	Aug 14	Sep 14	Okt 14	Nov 14	Dez 14

Reflexion des Projektverlaufs

1. Welche Höhepunkte haben Sie während der Umsetzung der Erprobungsphase erlebt? Bitte schildern Sie exemplarisch 2-3 Situationen.

```
```

2. Wann sahen Sie Ihr Ziel in Gefahr? Welche „Nüsse" gab es dabei für Sie zu knacken? Bitte schildern Sie exemplarisch 2-3 Situationen. Worin bestand für Sie dabei die Herausforderung?

```
```

3. Welche Kurskorrekturen haben Sie vorgenommen?

```
```

4. Wie sind Sie mit der Situation umgegangen? Was hat zur Lösung beigetragen? Was würden Sie ein nächstes Mal anders anpacken?

```
```

5. Welche Schlüsse ziehen Sie daraus für kommende Projekte?

```
```

6. Welche Fragen bleiben eventuell nun offen?

```
```

7. Zusammenfassend: Worin besteht für Sie der Gewinn aus der Erprobungsphase?

```
```

A2.4: Materialien des Abschlussworkshops

(1) Führungsprojekt

Kasten 12: World-Café Etikette.

World-Café Etikette
• Teilen Sie das mit, was Ihnen wichtig ist, nicht nur das, was richtig ist! Sprechen Sie von Herzen.
• Beim World Café geht es nicht nur darum, Lösungen zu finden, sondern vor allem, Fragen und Themen offen zu erkunden.
• Jeder einzelne kann seine Ideen und Kreativität zum Gespräch beitragen.
• Hören Sie zu, um zu verstehen.
• Respektieren und genießen Sie die Vielfalt der Ansichten Ihrer Gesprächspartner!
• Verknüpfen Sie die Vielfalt der Meinungen und Ideen.
• Spielen, kritzeln, zeichnen, schreiben Sie auf der Papiertischdecke!

(2) SWOT-Analyse

Kasten 13: Fallbeispiel Frau Hagen – Organisationale Chancen und Risiken.

Fallbeispiel Frau Hagen – Organisationale Chancen und Risiken
Frau Hagen findet sowohl die Arbeit in dem neuen Pflegezentrum für Behinderte spannend als auch die entstehenden Wohngruppen in der Stadt. Grundsätzlich käme perspektivisch von ihrer derzeitigen Position ein Wechsel in beide Einrichtungen in Frage. Von dem neuen Pflegezentrum aus würden sich ihr verbandsintern zahlreiche neue und spannende Verknüpfungsmöglichkeiten bieten.
Chancen und Risiken:
Die SWOT-Analyse ergibt, dass die Bewerbung in das Pflegezentrum für sie ein Risiko darstellen würde: Zum einen fehlen ihr Kenntnisse der zahlreich eingesetzten Technologien, die für das Zentrum angeschafft wurden. Die Mitarbeiterinnen der beiden Altenpflegeheime sind damit besser vertraut und stellen daher eine Konkurrenz in der Bewerbung um eine dortige Leitungsposition dar. Weiterhin wäre die Öffentlichkeitsarbeit eine neue Kernaufgabe dieses Tätigkeitsgebietes.

Ergebnis:

Ihre bisherigen Referenzen empfehlen sie für eine verantwortliche Funktion in der Außenwohngruppe. Sie könnte ihre im Studium erworbenen pädagogischen Fähigkeiten voll zum Einsatz bringen und zur Wirtschaftlichkeit der neuen Wohngruppe beitragen. In der Stadt verfügt sie bereits über zahlreiche Vernetzungen, die ihr den Start erleichtern könnten. Ihr Anfahrtsweg von Zuhause würde sich täglich insgesamt um 20 Minuten verkürzen.

Persönliches Qualifizierungsziel:

Teilnahme an Weiterbildung: „Öffentlichkeitsarbeit und Fundraising in sozialen Organisationen"; das wird sie in ihr nächstes Mitarbeitergespräch einbringen.

Die SWOT-Matrix von Frau Hagen sieht demnach wie folgt aus:

	Chancen	**Risiken**
Stärken	• Pädagogische und betriebswirtschaftliche Kenntnisse und Erfahrung einsetzten	• Kontakte zu Schlüsselpersonen in der Stadt intensivieren • Neue Wohngruppe aufsuchen und besichtigen
Schwächen	• Fortbildung: Öffentlichkeitsarbeit, • Netzwerken besuchen	• Innovationszentrum aufgrund fehlender Technologiekenntnisse meiden

(3) Fallbeispiele zum Thema Macht – Teil 2

Kasten 14: Fallbeispiel Macht 2.

Die Einführung der tiergestützten Therapie

Bianca Sommer und Timo Kemper leiten seit vielen Jahren gemeinsam erfolgreich den großen Bereich „Sucht und Prävention". Ihre Zusammenarbeit ist von gegenseitiger Wertschätzung und Arbeiten auf Augenhöhe geprägt. Hin und wieder bietet sich ihnen auch die Gelegenheit zu einem gemeinsamen Tagesausklang in dem Biergarten, der auf dem nach Hause Weg liegt.

Innerhalb ihres Bereichs besteht eine kleinere Einheit, die aufgrund stetig rückgängiger Bewohnerzahlen zum Jahresende geschlossen werden soll. Während Herr Kemper die frei werdenden Räumlichkeiten zur Vergrößerung des bestehenden Werkstattbereichs nutzen möchte, hat Frau Sommer seit dem Besuch ihrer letzten Fortbildung ganz andere Vorstellungen entwickelt: Da die Einrichtung viele junge Klienten mit geringen Deutschkenntnissen aufnimmt, ist es ihr Ziel, einen Behandlungsraum zur integrativen Therapie und Behandlung mit Tieren einzurichten. In den USA wurden damit beachtliche Erfolge erzielt und Frau Sommer stellte auf dem letzten gemeinsamen Betriebsausflug fest, dass auch weitere Kollegen aus anderen Bereichen an diesem Ansatz Interesse hegen. Wie es ihre Art ist, nimmt sie die Dinge in die Hand und bemüht sich um einen Termin mit ihrer Chefin, die sie in der Akquise von ESF-Mitteln unterstützen will. Gemeinsam mit ihr überlegt sie auch, welche Personen sie dazu in den kommenden Wochen ansprechen und für ihr Vorhaben gewinnen könnte. Dass ihre Aktivitäten Timo Kemper nicht gerade zusagen, ist ihr nicht entgangen. Er hätte lieber, dass sie ihre Energien innerhalb der Abteilung investiert und wie gewohnt verfügbar ist. Frau Sommer aber genießt es, außerhalb ihres Kerngeschäfts Aufmerksamkeit zu gewinnen und den beginnenden Prozess nach ihren Vorstellungen zu lenken. So konnte sie erreichen, dass bei Neueinstellungen unter den Bewerbern auf Erfahrungen mit der Therapieform geachtet wird, und dass die neue „BUFTI" zu 50% dem Aufbau der neuen Einheit zugeordnet wird. Als ihr das Angebot zugetragen wird, gemeinsam mit einer Ergotherapeutin einen Tag lang auswärts zu hospitieren, sagt sie natürlich interessiert zu. Als sie ihrem Kollegen davon begeistert erzählt und sich bemüht, ihn mitzureißen, kommt es zur Auseinandersetzung. Er fragt sie, was genau sie sich von dem neuen Vorhaben verspricht und zeigt sich verärgert, dass sie ihr Ziel unabhängig von ihm verfolge, was es bisher nicht gegeben habe. Herr Kemper wirft ihr vor, er wolle den Werkstattbereich schon immer vergrößern und mehr Platz für dringend benötige Maschinen gewinnen. Gegenüber sachlichen Argumenten zeigt er sich unzugänglich und provoziert mit der Nachfrage, gegenüber wem sie sich mit der Einführung der tiergestützten Therapie eigentlich profilieren wolle?

Reflexionsfragen zur Individualarbeit:
• Bitte stellen sie sich vor, Sie würden das Verhalten von Frau Sommer von Ihrer jetzigen Position beobachten: Was geht dabei in Ihnen vor?
• Wie beurteilen Sie das Verhalten von Frau Sommer?
• Welche Spannungsfelder oder Stolpersteine sehen Sie in dem beschrieben Fall?
• Wie würden Sie sich an der Stelle von Frau Sommer verhalten?

(4) Fallbeispiele zum Thema Durchsetzungsfähigkeit – Teil 2

Kasten 15: Fallbeispiel Durchsetzungsfähigkeit 2.

Verschönerung des St. Anna Stift

Im Altenpflegeheim St. Anna stehen Gestaltungsmaßnahmen im Außenbereich an. Mit diesem Bauprojekt wird die vorerst letzte Baumaßnahme seit der flächendeckenden Renovierung vor vier Jahren in Angriff genommen. Eine langjährige Bewohnerin der Anlage hatte dem Seniorenheim einen Teil ihres Vermögens hinterlassen mit dem Anliegen, den Außenbereich, der bisher ausschließlich gepflastert ist, zu begrünen und zu verschönern. Frau Wendtland hat sich mit ihrem Team dieser Idee gewidmet und bald weitere Kolleginnen und Kollegen aus anderen Stationen zur Mitgestaltung gewonnen. Über mehrere Wochen waren sie zusammen gesessen und hatten bei ausgelassener Stimmung miteinander geplant und Ideen entworfen. Frau Wendtland war es gelungen, über die Hausleitung eine Zusammenarbeit mit der Gemeindeverwaltung herzustellen, so dass eine Gruppe von sog. „Ein Euro Jobbern" bei der Anlage eines Teichs und Blumenbeeten mitarbeiten sollten. Einer weiteren Stationsleitung war es gelungen, eine Materialspende des nahe gelegenen Steinbruchs für den Bau zu erhalten. Gemeinsam wollen alle mit Hand anlegen. Frau Wendtland übernimmt viele Koordinations- und Kommunikationsaufgaben und hält die „Fäden in der Hand", was ihr richtig Spaß macht. Endlich hat sie die Gelegenheit, ungenutztes Know-How und ihre Fähigkeiten einzusetzen und auszuleben. Außerdem freut sie sich auf das kommende Jubiläum im Sommer, zu dem der neu gestaltete Außenbereich fertig werden soll. Als jedoch im Frühjahr das Wetter über lange Zeit widrig wird und es zu Verzögerungen in der Materiallieferung kommt, gerät das Projekt ins Stocken. Einige Mitstreiter sind über die Dauer müde geworden und die Hausleitung fürchtet darum, dass die pflegerische Versorgung auf den Stationen, also das Tagesgeschäft, zu kurz kommt. Daher erwägt sie ernsthaft, das Vorhaben trotz der begonnenen Grabungen zeitlich nach hinten zu verschieben. Jedoch aus dem Team kommen die größeren Widerstände: Peter und Katrin finden immer wieder neue Argumente, weshalb das ganze doch zu groß und ambitioniert angelegt worden war und stecken die anderen Kollegen damit an. Sie hatten bereits zusammen in St. Anna „von der Pike auf" gelernt und die studierte Frau Wendtland bisher kritisch und praxisfern gesehen. Dass sie nun mit ihrer Idee und dem Zeitplan in die Kritik gerät, passt ihnen gerade recht. Schlechte Stimmung breitet sich aus.

Reflexionsfragen zur Individualarbeit:

- Bitte stellen sie sich in die Situation von Frau Wendtland. Was geht dabei in Ihnen vor?
- Welche Spannungsfelder sehen Sie in diesem Prozess?
- Wie würden Sie mit diesen Spannungsfeldern umgehen?

Wie müsste Frau Wendtland weiter vorgehen, um ihr Projekt erfolgreich zu beenden?

(5) Fallbeispiele zum Thema Abgrenzungsfähigkeit – Teil 2

Kasten 16: Fallbeispiel Abgrenzungsfähigkeit 2.

Gesund im Alter

Annette Kersten ist 48 Jahre alt und arbeitet seit dem Abschluss ihres Dualen Studiums bei einem großen Träger der Behindertenhilfe in Süddeutschland. Die letzten vier Jahre davon hatte sie eine Stabstelle in der Weiterbildung inne, die ihr sehr viel Freude macht, neue Herausforderungen bietet und eine produktive Arbeitsatmosphäre unter den zahlreichen Kolleginnen und Kollegen bietet. Gerade hat sie erfolgreich das Großprojekt „Chronos" mit zum Abschluss gebracht, und eigentlich wäre jetzt die Gelegenheit, sich den Aufgaben zu widmen, die im letzten halben Jahr liegen geblieben sind und gleichermaßen zu ihrer Stellenbeschreibung zählen. Dazu gehört das Projekt „Gesund im Alter", zu dessen erfolgreichen Start sie vor einem Jahr viele Ressourcen eingesetzt hat und das zu ihrer Zielvereinbarung hinzu zählt. Als problematisch empfindet sie in letzter Zeit das hohe Aufkommen neuer Weiterbildungsimpulse, die aus dem Vorstand an die Abteilung heran getragen werden. Frau Kersten empfindet es als zunehmende Belastung, dass, nachdem längere Zeit die Personalentwicklung hinten angestanden hatte, nun alles was möglich erscheint, in kürzester Zeit umgesetzt werden soll. Dabei gelingt es dem Leiter des Fachbereichs nur unzureichend, Zuständigkeiten und Aufgabenpakete klar zu verteilen; vielmehr wird erwartet, dass sich jeder in alles einbringt. Frau Kersten sind ihre zahlreichen Überstunden dabei nicht entgangen, ebenso wie der zunehmende Krankenstand unter den Kollegen, der die Arbeitsbelastung verschärft. Nachdem sie in den vergangenen Monaten zu oft private Verabredungen absagen oder ihren Sport sausen lassen musste, beschließt sie, dass sie so unmöglich weiter arbeiten wird. In einem Gespräch darüber mit ihrem Chef hatte dieser zwar Verständnis geäußert, geändert hatte sich seitdem aber faktisch nichts. Unter diesen Umständen ist ihr in letzter Zeit manches Mal das gemeinsame Mittagessen der Abteilung zur viel geworden, dass sie zunehmend gezwungener empfindet und währenddessen es meistens um Aufgaben und Zuständigkeiten geht. Vielmehr würde sie lieber zwei Mal pro Woche einen kleinen Spaziergang an der frischen Luft genießen und dabei ihren Kopf „ausrauchen". Und das kommuniziert sie am nächsten Tag auch so ihren Kollegen gegenüber und bittet sie um ihr Verständnis. In ihren Kalender trägt sie sich feste Zeiten ein, zu denen sie gebündelt am Stück an der Ausarbeitung von „Gesund im Alter" weiter arbeiten wird und meidet nun manchmal die konspirativen Kaffeeplauschs, die sie allzu oft mit zusätzlichen Aufträgen und Arbeitspaketen verlassen hatte. Zudem trägt sie sich die zwei Abende in den Outlook-Kalender ein, an denen die das Büro pünktlich zum Sport verlassen und sich dabei nur, falls dringend notwendig, aufhalten lassen will. Schließlich spricht sie Lisa, eine junge Kollegin, darauf an und

---

fragt, ob es einen Grund für ihren Rückzug gäbe? In dem Gespräch stellt sich heraus, dass sie und andere das neue Verhalten von Annette Kersten persönlich auf sich bezogen hatten. Diese Zweifel kann Frau Kersten aber lächelnd ausräumen und nach etwas Bedenken kann Lisa die Situation besser nachvollziehen. Das trifft aber nicht auf alle Kollegen zu, wie sich in den kommenden Wochen zeigt. Jedoch genießt es Frau Kersten, wieder mehr Ausgleich und Bewegung zu tanken und spürt, wie ihre Konzentrationsfähigkeit und gute Laune langsam wieder zurück-kehren und ihre Bilanz ausgeglichener wird.

Für heute Nachmittag ist eine Abteilungskonferenz zur Vorbereitung der nächsten Vorstandssitzung angesetzt. Frau Kersten hat sich fest vorgenommen, sich heute nicht in neue Projekte involvieren zu lassen und bringt die Planungen zu „Gesund im Alter" in die Besprechung ein. Es fällt ihr noch schwer, bei der Verteilung der Zuständigkeiten zu schweigen und sich auch nach Aufforderung und Überredungsversuchen nicht involvieren zu lassen. Am Ende der Sitzung spricht ihr Vorgesetzter sie daraufhin an und äußert seine Unzufriedenheit: Sie müsse verstehen, dass bei dem derzeitigen Krankenstand jede Hand gebraucht werde und dass er nur ungern auf ihre Erfahrungen aus „Chronos" verzichten möchte. Er bittet sie, noch einmal über ihre Haltung nachzudenken und ihr am nächsten Morgen eine Rückmeldung zu geben, ob sie sich nicht doch vorstellen könne, in dem neuen Projekt die Koordination zu übernehmen.

Reflexionsfragen zur Individualarbeit:

- Bitte versetzen Sie sich in die Lage von Frau Kersten. Was geht dabei in Ihnen vor?
- Welche Spannungsfelder sehen Sie in der beschriebenen Situation?
- Wie würden Sie mit diesen Spannungsfeldern umgehen?
- Weshalb würden Sie sich so verhalten?

(6) Fallbeispiele zum Thema Mikropolitik – Teil 2

Kasten 17: Fallbeispiel Mikropolitisches Handeln 2.

Das Planspiel
Viola, Katharina, Tilmann und Frank sitzen gemeinsam an einem Besprechungstisch. Heute ist es ihr Ziel, ein Planspiel für den Nachwuchsförderkreis vorzubereiten, dem sie angehören. Alle vier haben den Berufseinstieg bei einem sozialen Träger erfolgreich geschafft und einen Master obendrauf gesattelt: Tilmann und Frank haben Sozialökonomie studiert, Katharina Unternehmenskommunikation & Public Relations, Viola hat den Master of Business Administration mit Auszeichnung abgeschlossen und daraufhin ein Traineeprogramm für zukünftige Führungskräfte begonnen. Ihr ist klar: Es soll noch weiter hinauf gehen, und zwar so direkt wie möglich. Katharina ist dagegen bisher eher zögerlich. Von ihrer Chefin sehr gefördert, wurde sie aufgrund besonders guter Leistungen für den Förderkreis vorgeschlagen. Zwar liebt sie ihre Arbeit ebenso sehr, jedoch stört sie sich zuweilen an dem Umgang und den Einstellungen der anderen. Sie hat sich aber vorgenommen, die an sie gestellten Erwartungen nicht zu enttäuschen und sich tapfer durchzubeißen, wie sie es bisher auch getan hat. Nachdem sie das Planspiel – Konzept soweit ausgearbeitet haben, geht es an die weitere Aufgabenverteilung. Viola ist es, die die Einführung und Moderation in das Planspiel übernehmen will, obwohl die Idee zu weiten Teilen auf Franks Recherchen beruht. Trotzdem überredet sie ihn, stattdessen den technischen Support dafür zu übernehmen und ihr den Vortritt zu lassen. Als Tilmann vorschlägt, das Ganze realistischer zu gestalten, indem jeder von ihnen eine Führungskraft aus dem eigenen Unternehmen gewinnt und aktiv einbindet, ist Viola sofort Feuer und Flamme und beginnt, sich eine Liste potenzieller Personen zu erstellen, die sie umgehend anmailt. Zusammen mit Tilmann wetteifert sie, wer zuerst von ihnen beiden jemand aus der Geschäftsführung für das Spiel gewinnen wird? Katharina und Frank bieten an, am kommenden Montag ihre direkten Vorgesetzten darauf anzusprechen. Alle verabschieden sich voneinander in das Wochenende. Draußen fragt Viola Katharina, ob sie nicht Lust habe, zusammen noch einmal in ihr Bürogebäude zu fahren um dort jemanden aus der Führungsetage auf das Spiel hin anzusprechen; gemeinsam gelänge es ihnen sicherlich besser, die Schlüsselpersonen „zu bezirzen", witzelt sie. Danach könne man dann noch gemeinsam etwas trinken gehen? Katharina lehnt mit einem Blick auf ihre Uhr dankend ab – immerhin hat sie sich schon lange einmal wieder auf einen Besuch ihrer Familie übers Wochenende gefreut und das mit dem Planspiel habe auch noch bis nächste Woche Zeit. Sie bietet aber an, auf der Zugfahrt die gemeinsamen Notizen noch einmal sorgfältig abzutippen. Viola verabschiedet sich lachend und verschwindet in Richtung Hauptgebäude. Tat-

sächlich ist ihr Abteilungsleiter noch im Büro und zeigt sich von Violas Idee angetan. Er bietet ihr an, einen Kontakt zu dem Mentorenpool der Organisation herzustellen. Außerdem stellt er in Aussicht, bei der Geschäftsführung anzufragen, ob sie das Projekt nach seinem erfolgreichen Abschluss nicht bei der nächsten Führungskräfteklausur im November vorstellen könne. Exzellente Ideen bedürfen immerhin einer angemessenen Aufmerksamkeit!

Viola kann es kaum erwarten, die betreffenden Personen persönlich zu kontaktieren und steuert Richtung Innenstadt, um sich zu diesem Zweck ein passendes Outfit zu zulegen.

Reflexionsfragen zur Individualarbeit:

- Bitte stellen Sie sich vor, Sie würden die Situation von Ihrer jetzigen Position aus beobachten. Welche Gefühle kommen dabei in Ihnen auf?
- Was denken Sie: Wie wird es mit den beiden Frauen weiter gehen?
- Wie sollte sich Viola verhalten, um aufzusteigen?
- Wie beurteilen Sie Katharinas Verhalten?

A3: Fragebögen zur Workshopreihe

(1) Vorabbefragung

Vorabfragebogen zur beruflichen Situation

Sehr geehrte Teilnehmerin unseres Kurses,

um uns im Vorfeld auf Ihre Interessen und Bedürfnisse während der Aufstiegsqualifizierung einstellen zu können, haben wir diesen Fragebogen erstellt: Er enthält Angaben zu Ihrer beruflichen Position, zu Ihrem Ausbildungsgang sowie zu Interessensschwerpunkten innerhalb der inhaltlichen Themenfelder. Weiterhin interessiert uns unter dem Stichwort „Vereinbarkeit", ob Sie familiäre Sorgebeziehungen pflegen.

Bitte fühlen Sie sich frei, uns alles für Sie Wichtige mit Blick auf die Qualifizierung mitzuteilen- ggfs. auf der Rückseite des Bogens. Wir unterliegen der Verschwiegenheitspflicht und behandeln Ihre Angaben vertraulich.

Vielen Dank, dass Sie an der Befragung teilnehmen! Bitte senden Sie den ausgefüllten Bogen bis 24. Januar 2014 an uns zurück.

Vielen Dank für Ihre Unterstützung!

I Berufliche Situation

1. Seit wann sind Sie in Ihrer derzeitigen Einrichtung tätig?

(Bitte ankreuzen)

☐ weniger als fünf Jahre

☐ 6-10 Jahre

☐ 11-15 Jahre

☐ 16-20 Jahre

☐ 21 Jahre und länger

---

2. Welche Position haben Sie inne?

(Bitte ankreuzen)

☐ Ich bin Mitarbeiterin, und zwar: _____

☐ Ich bin Führungskraft und leite:

    ☐ eine Gruppe

    ☐ ein Team

☐ eine Abteilung

☐ einen Fachbereich

☐ andere _____

3. Seit wann sind Sie in dieser Position tätig?

(Bitte ankreuzen)

☐ weniger als 2 Jahre

☐ 2 -5 Jahre

☐ 6-10 Jahre

☐ 11 Jahre und länger

4. Wie lautet Ihr höchster Bildungsabschluss?

(Bitte ankreuzen)

☐ Schulabschluss

☐ Berufsausbildung

☐ Studium

Fachrichtung:_____

II Interesse an Kursinhalten

1. Bitte geben Sie an, wie sehr sie folgende Themen interessieren…

	Sehr niedrig				*Sehr hoch*
Gesprächsführung	☐	☐	☐	☐	☐
Präsentationstechniken	☐	☐	☐	☐	☐
Konfliktmanagementstrategien	☐	☐	☐	☐	☐
Mikropolitik; Macht & Networking	☐	☐	☐	☐	☐
Work-Life-Balance	☐	☐	☐	☐	☐
Laufbahnplanung	☐	☐	☐	☐	☐

Am wichtigsten davon ist mir:

_____

_____

2. Von welcher Lernsituation haben Sie zuletzt am meisten profitiert?

_____

_____

123

3. Was möchten Sie im Rahmen der Qualifizierung für sich erreichen oder klären?

_____

_____

4. Welche Situationen fordern Sie beruflich derzeit am meisten?

_____

_____

5. Ich habe eine konkrete Aufstiegs-/ Führungsposition im Blick:

☐ ja, es gibt eine Position, die mich interessiert

☐ nein, es gibt keine Position, die mich interessiert

☐ ich fühle mich diesbezüglich unentschlossen

III Allgemeine Angaben zur Person

1. Alter

(Bitte ankreuzen)

☐ zwischen 21 und 30 Jahren

☐ zwischen 31 und 40 Jahren

☐ zwischen 41 und 50 Jahren

☐ zwischen 51 und 60 Jahren

2. Familienstand

(Bitte ankreuzen)

☐ verheiratet/verpartnert

☐ single/ledig

☐ geschieden/getrennt lebend

3. Vereinbarkeit: Sorgen Sie für Kinder oder ältere Angehörige?

☐ Ja

☐ Nein

4. Was möchten Sie abschließend noch mitteilen?
_____
_____
_____
_____

(2) Evaluation des Auftaktworkshops

Feedback zur Auftaktveranstaltung

Wir bitten Sie um eine Rückmeldung zur Gestaltung des Auftakttages. Wie beurteilen Sie...	Sehr gut (1)	Gut (2)	Mittelmäßig (3)	Schlecht (4)	Sehr schlecht (5)
... die Programminhalte	☐	☐	☐	☐	☐
... die Kursmaterialien	☐	☐	☐	☐	☐
... die Angemessenheit der verwendeten Lernmethoden	☐	☐	☐	☐	☐
... das Auftreten/die Kompetenz der Dozentinnen	☐	☐	☐	☐	☐
... die zeitliche Strukturierung des Auftakttages	☐	☐	☐	☐	☐
... die Räumlichkeiten	☐	☐	☐	☐	☐
... die Organisation des Ablaufs im Vorfeld	☐	☐	☐	☐	☐
... die Bedeutung der Lerninhalte für Ihre berufliche Entwicklung	☐	☐	☐	☐	☐
... die Anwendbarkeit des Gelernten	☐	☐	☐	☐	☐
... den Kurs insgesamt	☐	☐	☐	☐	☐

Ihre Anregungen / Verbesserungsvorschläge für uns:

Was hat Ihnen besonders gut gefallen?

Was können wir besser machen?

(3) Evaluation der Qualifizierungstage

<table>
<tr><td colspan="6">Evaluation Trainingstage</td></tr>
<tr><td colspan="6">Liebe Teilnehmerinnen,

wir freuen uns sehr, dass Sie an unserer Aufstiegsqualifizierung teilnehmen. Da wir stets bemüht sind, die Qualität unseres Angebots zu sichern und dieses weiterzuentwickeln, bitten wir Sie um Ihr Feedback zu den Trainingstagen. Die zu beantwortenden Bereiche helfen uns, das Programm kontinuierlich zu verbessern. Unser Ziel ist es, den Nutzen und die Wirkungen dieser Maßnahme in der Evaluation sichtbar zu machen.

Vielen Dank für Ihre Unterstützung!</td></tr>
</table>

Feedback zu den Trainingstagen – Inhaltlich					
Wir bitten Sie um eine Rückmeldung zur Gestaltung der Trainingstage. ***Wie haben Ihnen die einzelnen Programminhalte gefallen?***	*Sehr gut*	*Gut*	*Mittelmäßig*	*Schlecht*	*Sehr schlecht*
I. Karrierephasen *(Modell der Karrierephasen, Gruppendiskussion)*					
Inhalte	☐	☐	☐	☐	☐
Umsetzung	☐	☐	☐	☐	☐
II. SWOT-Analyse *(Mein Arbeitsumfeld, Stärken-Schwächen, Triadenarbeit)*					
Inhalte	☐	☐	☐	☐	☐
Umsetzung	☐	☐	☐	☐	☐
III. Führungsprojekt *(Gestaltung Ihres Führungsprojekts)*					
Inhalte	☐	☐	☐	☐	☐
Umsetzung	☐	☐	☐	☐	☐
IV. Grundlagen der Führung *(Diskussion des Führungsbegriffes, Arten der Führung)*					
Inhalte	☐	☐	☐	☐	☐
Umsetzung	☐	☐	☐	☐	☐
V. Kommunikation und Konflikt *(Vier Seiten einer Nachricht, Das innere Team)*					
Inhalte	☐	☐	☐	☐	☐
Umsetzung	☐	☐	☐	☐	☐
VI. Auftreten und Selbstpräsentation *(Selbstpräsentation, Tipps & Tricks)*					
Inhalte	☐	☐	☐	☐	☐

	Sehr gut	Gut	Mittelmäßig	Schlecht	Sehr schlecht
Umsetzung	☐	☐	☐	☐	☐
VII. Work-Life-Balance *(Integration von Berufs- und Privatleben, Wohlergehen)*					
Inhalte	☐	☐	☐	☐	☐
Umsetzung	☐	☐	☐	☐	☐

Feedback zu dem Abschlussworkshop – Allgemein					
Wie beurteilen Sie…	*Sehr gut*	*Gut*	*Mittelmäßig*	*Schlecht*	*Sehr schlecht*
…die Kursmaterialien	☐	☐	☐	☐	☐
…die Angemessenheit der verwendeten Lernmethoden	☐	☐	☐	☐	☐
…das Auftreten/die Kompetenz der Dozentin	☐	☐	☐	☐	☐
…die zeitliche Strukturierung des Workshops	☐	☐	☐	☐	☐
…die Räumlichkeiten	☐	☐	☐	☐	☐
…die Organisation des Ablaufs im Vorfeld	☐	☐	☐	☐	☐
…die Bedeutung der Lerninhalte für Ihre berufliche Entwicklung	☐	☐	☐	☐	☐
…die Anwendbarkeit des Gelernten	☐	☐	☐	☐	☐
…den Kurs insgesamt	☐	☐	☐	☐	☐

Ihre Anregungen/Verbesserungsvorschläge für uns

Was hat Ihnen besonders gut gefallen?

_____

_____

_____

_____

Was können wir besser machen?

_____

_____

_____

_____

(4) Evaluation des Abschlussworkshops

Evaluation Abschlussworkshop
Liebe Teilnehmerinnen,
wir freuen uns sehr, dass Sie an unserer Aufstiegsqualifizierung teilgenommen haben. Da wir stets bemüht sind, die Qualität unseres Angebots zu sichern und dieses weiterzuentwickeln, bitten wir Sie um Ihr Feedback zu dem Abschlussworkshop. Die zu beantwortenden Bereiche helfen uns, das Programm kontinuierlich zu verbessern. Unser Ziel ist es, den Nutzen und die Wirkungen dieser Maßnahme in der Evaluation sichtbar zu machen.
Vielen Dank für Ihre Unterstützung!

Feedback zum Abschlussworkshop – Inhaltlich					
Wir bitten Sie um eine Rückmeldung zur Gestaltung des Abschlussworkshops *Wie haben Ihnen die einzelnen Programminhalte gefallen?*	*Sehr gut*	*Gut*	*Mittelmäßig*	*Schlecht*	*Sehr schlecht*
I. Coaching *(Rückmeldung der Testergebnisse, persönliche Beratung)*					
Inhalte	☐	☐	☐	☐	☐
Umsetzung	☐	☐	☐	☐	☐
Am Coaching habe ich nicht teilgenommen	☐				
II. Auswertung ihres Führungsprojekts *(World- Café)* *1. Tag*					
Inhalte	☐	☐	☐	☐	☐
Umsetzung	☐	☐	☐	☐	☐
III. Laufbahnplanung *(Haus der Aufstiegskompetenz, Abschluss SWOT-Analyse, Ihre Karriereschritte)*					
Inhalte	☐	☐	☐	☐	☐
Umsetzung	☐	☐	☐	☐	☐
IV. Work-Life- Balance (Impulsvortrag mit Austausch) *2. Tag*					
Inhalte	☐	☐	☐	☐	☐
Umsetzung	☐	☐	☐	☐	☐
V. Fallbearbeitung und Diskussion					
Inhalte	☐	☐	☐	☐	☐
Umsetzung	☐	☐	☐	☐	☐

Feedback zu dem Abschlussworkshop – Allgemein					
Wie beurteilen Sie...	*Sehr gut*	*Gut*	*Mittelmäßig*	*Schlecht*	*Sehr schlecht*
...die Kursmaterialien	☐	☐	☐	☐	☐
...die Angemessenheit der verwendeten Lern-methoden	☐	☐	☐	☐	☐
...das Auftreten/die Kompetenz der Dozentin	☐	☐	☐	☐	☐
...die zeitliche Strukturierung des Workshops	☐	☐	☐	☐	☐
...die Räumlichkeiten	☐	☐	☐	☐	☐
...die Organisation des Ablaufs im Vorfeld	☐	☐	☐	☐	☐
...die Bedeutung der Lerninhalte für Ihre beruf-liche Entwicklung	☐	☐	☐	☐	☐
...die Anwendbarkeit des Gelernten	☐	☐	☐	☐	☐
...den Kurs insgesamt	☐	☐	☐	☐	☐

Ihre Anregungen/Verbesserungsvorschläge für uns

Was hat Ihnen besonders gut gefallen?

_____

_____

_____

_____

_____

_____

Was können wir besser machen?

_____

_____

_____

_____

_____

Printed in the United States
By Bookmasters